Interesses (Não) Lucrativos
e Sustentabilidade Empresarial

Interesses (Não) Lucrativos e Sustentabilidade Empresarial

QUE RUMO TOMA(RÁ) A GOVERNAÇÃO
E A RESPONSABILIDADE CIVIL SOCIETÁRIA?

João Pedro da Silva Domingues

ALMEDINA

INTERESSES (NÃO) LUCRATIVOS E SUSTENTABILIDADE EMPRESARIAL

QUE RUMO TOMA(RÁ) A GOVERNAÇÃO
E A RESPONSABILIDADE CIVIL SOCIETÁRIA?

AUTOR
João Pedro da Silva Domingues
EDITOR
EDIÇÕES ALMEDINA, S.A.
Avenida Emídio Navarro, 81, 3D
3000-151 Coimbra
Tel.: 239 851 904 · Fax: 239 851 901
www.almedina.net · editora@almedina.net
DESIGN DE CAPA
FBA.
PRÉ-IMPRESSÃO
EDIÇÕES ALMEDINA, S.A.
IMPRESSÃO E ACABAMENTO

Janeiro, 2023
DEPÓSITO LEGAL

ALMEDINA | GRUPOALMEDINA

BIBLIOTECA NACIONAL DE PORTUGAL – CATALOGAÇÃO NA PUBLICAÇÃO
DOMINGUES, João Pedro da Silva
INTERESSES (NÃO) LUCRATIVOS
E SUSTENTABILIDADE EMPRESARIA – (Monografias)
ISBN 978-989-40-1037-1
CDU 347

A meus Pais e minha Irmã,
pelo alicerce imprescindível.
A meus Avós,
pelos valores e ensinamentos.

À Faculdade de Direito da Universidade de Coimbra (...),
em especial, ao Exmo. Senhor Professor Doutor Coutinho de Abreu
e, in totum, à Escola Comercialista Coimbrã,
uma palavra de gratidão.

NOTA PRÉVIA

A presente obra corresponde à Dissertação de Mestrado em Ciências Jurídico-Empresariais/ Menção em Direito Empresarial apresentada na Faculdade de Direito da Universidade de Coimbra em 15 de Julho de 2022 e defendida em provas públicas realizadas em 25 de Outubro de 2022, perante um Júri composto pelos Senhores Professores Doutores Rui Manuel Pereira Dias, Ricardo Alberto Santos Costa e Jorge Manuel Coutinho de Abreu.

A presente Dissertação contém apenas alterações pontuais decorrentes da sua defesa e da consideração das críticas e apreciações expostas pelos arguentes, as quais agradecemos.

RESUMO

A máxima de que o fim da sociedade comercial é a obtenção de lucros continua presente nos textos legislativos, doutrinais e jurisprudenciais. Se esta máxima não merece ser colocada em causa – assim entendemos –, há que atender à maneira como ela é assimilada, mormente, por quem governa uma sociedade comercial. Os ímpetos da obtenção, no menor prazo possível, de lucros, sobretudo por investidores, implicam consequências para a viabilidade a longo prazo da sociedade. Mais: estes ímpetos têm consequências extra societárias muito claras. Num mundo cada vez mais globalizado, em que problemas ambientais e sociais se têm agudizado, a ponderação de realidades extra lucrativas, pela sociedade comercial, pelos sócios e pela administração, tem de ser uma constante.

A sustentabilidade está, hodiernamente, em todo o lado. Há uma clara agenda, iniciada por instâncias políticas, governamentais e não governamentais, em prol de uma transformação económica, social e empresarial, em prol de um desenvolvimento sustentável, de um modo de atuar em que se satisfaça o presente, sem que se comprometa o futuro. O Direito Societário não pode escapar, não vai escapar, a esta mudança de paradigma.

Assim, cumpre averiguar o impacto que a sustentabilidade tem, pode ter e vai ter, na empresa e no Direito Societário. É certo que há já que atender aos interesses de pessoas importantes para a sociedade, com as quais ela se relaciona, mas há que ir mais longe. Há que consagrar efetivos mecanismos de sustentabilidade empresarial e averiguar dessa consagração; há que dotar de efetividade os mecanismos que já existem e averiguar dessa existência e efetividade. Uma empresa que deixe de considerar questões de ESG (*environmental, social and governance*) pode, futuramente, estar condenada ao fracasso – os padrões regulatórios têm sido, gradualmente, elevados e começa a haver alguma abertura para a responsabilização da sociedade e dos administradores que violem direitos humanos e deveres ambientais. Uma coisa é certa – sem a consideração de riscos ambientais e sociais pode, num futuro não longínquo, deixar de haver sociedade para distribuir lucros.

São as influências da sustentabilidade empresarial na governação societária e na responsabilidade civil societária que convidamos, nesta Dissertação, a (re)pensar.

Palavras-Chave: Governação Societária; Administradores; Sócios; Partes Interessadas; Curto Prazo; Sustentabilidade Empresarial; Ambiente; Direitos Humanos; Responsabilidade Civil.

ABSTRACT

The motto that the purpose of a company is to make profits is still present in the law, the canons, and the court's decisions. If this maximum does not deserve to be questioned – as we think so –, we need to question the way it is assumed, specially, by those who run a company. The impetus, mostly of some investors, to obtain profits in the shortest time possible, implicates consequences on the long-term sustainability of the company. More: those drives hold very clear consequences on realities outside the company. In an increasingly globalized world, where environmental and social problems have become more serious, the consideration of extra-profit realities, by the company, the shareholders and the board of directors, has to be a constant.

Sustainability is, currently, everywhere. There is a clear agenda, initiated by political, governmental and non-governmental bodies, supporting an economic, social and business transformation, in favour of sustainable development, a way of operating that satisfies the needs of the present, without compromising the future. Corporate Law cannot, will not, escape the change of this standard.

Therefore, we need to investigate the impact that sustainability has, can have and will have, on the company and on Corporate Law. It is true that the interests of relevant people to the company, with whom the company has close relations, need already to be considered; nevertheless, it is necessary to go further. The establishment of effective mechanisms of corporate sustainability, and the analysis of those mechanisms, is required; also, the instruments the already exist should be effective, should have enforcement, and we need to analyse that enforcement. A company that fails to consider ESG (environmental, social and governance) issues, may, in the future, be doomed to failure itself – regulatory standards have been, gradually, raised and there is some receptiveness for the accountability of the company and the board of directors who violate human rights and environmental duties. One thing is for sure – without considering environmental and social risks, in the not too distant future, there may no longer be a company to distribute profits.

It is the influence of corporate sustainability on corporate governance and corporate civil liability that we invite, in this thesis, to (re)think.

Key-Words: Corporate Governance; Directors; Shareholders; Stakeholders; Short-term; Corporate Sustainability; Environment; Human Rights; Civil Liability.

LISTA DE SIGLAS E ABREVIATURAS

A.	Autor
AAVV	Autores Vários
Al.	Alínea
Als.	Alíneas
Art.	Artigo
Arts.	Artigos
BFD	Boletim da Faculdade de Direito da Universidade de Coimbra
BMJ	Boletim do Ministério da Justiça
CCivil	Código Civil
CEO	*Chief Executive Officer*
Cf.	Confira
CGS	Código de Governo das Sociedades
CMVM	Comissão do Mercado de Valores Mobiliários
Coord.	Coordenação
CSC	Código das Sociedades Comerciais
DDA	Diretiva dos Direitos dos Acionistas
DL	Decreto-Lei
DSR	Direito das Sociedades em Revista
Ed.	Edição
EDS.	Editores
E.P.E.	Entidade pública empresarial
ESG	*Environmental, Social and Governance*
ESV	*Enlightened Shareholder Value*
et al.	*et alii*
EUA	Estados Unidos da América
EY	Ernst & Young

Ibid.	*Ibidem*
IDET	Instituto de Direito das Empresas e do Trabalho
i.e.	*Id est*
IPCG	Instituto Português de Corporate Governance
N.º	Número
N.ºs	Números
Ob. Cit.	Obra citada
OCDE	Organização para a Cooperação e Desenvolvimento Económico
ONU	Organização das Nações Unidas
P.	Página
PP.	Páginas
RDS	Revista de Direito das Sociedades
Reg.	Regulamento
ROA	Revista da Ordem dos Advogados
S.A.	Sociedade anónima
Sec.	*Section*
SGPS	Sociedade gestora de participações sociais
SS.	Seguintes
UE	União Europeia
v.g.	*Verbi gratia*
Vol.	Volume

Introdução

I. A comunidade global – onde a empresa está inserida – enfrenta crises nunca vistas, das quais emergem desafios, igualmente, nunca vistos. A emergência climática é uma ameaça à existência da humanidade; bilhões de cidadãos continuam na pobreza e não têm vida digna; as desigualdades dentro e entre países continuam em crescimento; há enormes disparidades de oportunidade, riqueza e poder; a desigualdade de género é, ainda, um desafio fundamental; o desemprego, essencialmente jovem, continua uma inquietação. No universo laboral há 25 milhões de vítimas de trabalho forçado e 152 milhões de vítimas de trabalho infantil; os horários de trabalho continuam excessivos; há salários de miséria; a discriminação salarial, por fatores raciais ou de género, continua presente. Práticas de corrupção, evasão fiscal, branqueamento de capitais, violação de direitos humanos, ofensas ambientais, (...), continuam a ser reportadas e abrem portas a crises económico-financeiras que, consequentemente, levam a derrocadas empresariais – algo que a história recente evidencia, com a crise financeira de 2007-2008 e a crise pandémica de COVID-19.

A empresa social não pode ser, não é, alheia a tudo isto. Aliás, muitos destes problemas são intensificados e promovidos pelo mundo empresarial – onde tem imperado a prossecução de lucros à custa do sacrifício de direitos humanos e do meio ambiente.[1]

[1] ONU; GENERAL ASSEMBLY, *Resolution adopted by the General Assembly on 25 September 2015. Transforming our world: the 2030 Agenda for Sustainable Development*, p. 5. Disponível em: *https://www.un.org/ga/search/view_doc.asp?symbol=A/RES/70/1&Lang=E;* BEATE SJÅFJELL, CHRISTOPHER M. BRUNER, *Corporations and Sustainability*, in BEATE SJÅFJELL, CHRISTOPHER M. BRUNER (EDS.), *The Cambridge Handbook of Corporate Law, Corporate Governance and Sustainability*, Cambridge University Press, Cambridge, 2020, p. 1; PARLAMENTO EUROPEU, *Resolução do Parla-*

II. As preocupações ambientais e sociais são, cada vez mais, acentuadas e tidas em conta pelos Estados e pelas pessoas. Assim, o crescimento e o desenvolvimento sustentáveis têm-se assumido como objetivos a curto, médio e longo prazo. Esta mudança, em prol da sustentabilidade – um estado de ser que nos cumpre precisar –, tem de ser acompanhada pelos agentes económicos, pelas empresas e pela sociedade comercial. As sociedades comerciais – o ente que configura o objeto do nosso estudo – tem que atuar, no tráfico jurídico, de modo adequado e responsável, não podendo atentar contra os interesses dos sujeitos e das realidades que estão à sua volta. Há interesses de (certos) não sócios a que a sociedade deve, particularmente, atender – pelo menos, os interesses de não sócios próximos à sociedade, que com ela se relacionam (os interesses dos *stakeholders*). É o papel assumido pela governação e pela responsabilidade civil societárias no seio da sustentabilidade empresarial – a posição que ocupa a empresa, num tal modo de atuar em prol de um certo desenvolvimento sustentável – que configura o objeto central da nossa investigação.

Com isto em mente, há uma série de produtos normativos – quer vinculativos, quer recomendatórios – que instam à sustentabilidade empresarial, que regem sobre os interesses que devem ser prosseguidos pela sociedade comercial e por quem a governa. É porque a sociedade não pode viver só de lucro que convidamos a (re)pensar o modelo vigente de governação societária e o paradigma estabelecido no Direito Societário. Antecipamos um dilema – estes debates surgem há anos e, até então, não levaram a lado nenhum. As preces da sustentabilidade empresarial não são isentas de problemas – elas comportam ironias e ilusões e são, mais das vezes, ineficazes. O caminho é sinuoso, há entraves à sua implementação; mas, a mudança é necessária. Importa, nesta matéria, ser preciso, sob pena de, continuamente, apenas se promover a retórica.

Cumpre convocar à discussão conceitos aparentemente já consolidados na doutrina, na legislação e na jurisprudência, que merecem ser

mento Europeu, de 10 de março de 2021, que contém recomendações à Comissão sobre o dever de diligência das empresas e a responsabilidade empresarial, Considerandos M e O. Disponível em: https://www.europarl.europa.eu/doceo/document/TA-9-2021-0073_PT.pdf, Coutinho de Abreu, *Dever de diligência das empresas e responsabilidade civil (A propósito do projeto de Diretiva do Parlamento Europeu de 10/3/2021)*, DSR, Ano 13, Vol. 27, 2022, p. 14.

repensados. Assim, num primeiro momento, a nossa análise incidirá sobre a pessoa coletiva que é a sociedade comercial. O fim lucrativo é a sua máxima? Quem o prossegue? Como o prosseguir? A qualquer custo? (*Capítulo I*). Depois, sendo a sociedade um sujeito autónomo, diferente de quem a institui, ela há de ter interesses próprios, que hão de ter de ser satisfeitos. Que interesses são esses? Como os satisfazer? O Direito português prescreve uma obrigação de levar em conta interesses externos à sociedade? Há um dever de atuar em prol da sustentabilidade? Sobre isto discorreremos no *Capítulo II*. Ainda: como se manifestam e materializam a sustentabilidade empresarial e a responsabilidade social? Há uma abertura da sociedade para tal? Aparentemente, estes instrumentos começam a ser convocados pelo Direito e por algumas empresas, como perceberemos no *Capítulo III*. Por fim (*Capítulo IV*), assumindo que há um dever de considerar interesses de não sócios, que há um dever imposto, pelo menos, aos administradores, de atuar com lealdade e com diligência, quais as consequências para a violação desses deveres? Essas consequências existem?

Estas e outras questões constituem o núcleo duro da nossa Dissertação.

Capítulo I
A sociedade comercial como veículo para a prossecução de um determinado fim. Que fim? Com que interesse?

1. Nótulas sobre o conceito de sociedade e o seu escopo

1.1. Da noção de sociedade comercial

I. A sociedade comercial assume-se, hodiernamente, como proprietária de um dos principais agentes económicos – a empresa –, produzindo bens e serviços com o objetivo de os vender e de gerar lucros com essa venda.[2] O exercício de atividades económicas passa, nos dias de hoje, pela sociedade comercial, ela é um dos motores de qualquer economia, é o comerciante típico.

É a atuação desta entidade, que tem um fim – fim esse que passa, pelo menos, pela obtenção de lucros –, que se quer sustentável e que tem de ter em conta (certos) interesses. Importa, antes de maiores avanços, clarificar o conceito de sociedade comercial. É ao seu modo de atuar que nos iremos referir a todo o tempo e, assim, temos que a apreender. O modo de atuação que se pretende que, nos tempos que correm, a sociedade tenha, faz com que a noção construída pela doutrina, pela legislação e pela jurisprudência deva ser (re)pensada.

De onde partir?

Ora, a maioria da doutrina socorre-se, desde logo, do art. 980.º do CCivil para dissecar um certo conceito de sociedade (comercial). Apesar

[2] OCDE, Enrico Giovannini, *Understanding Economic Statistics – An OECD Perspective*, OECD, 2008, p. 26. Disponível em: https://www.oecd.org/sdd/41746710.pdf

disto, a verdade é que a norma se reporta tão só ao conceito de sociedade--ato jurídico[3] e não ao conceito de sociedade-entidade[4], não se confundido um e outro, apesar do primeiro fazer *nascer a entidade*, que é novo sujeito no tráfico jurídico.[5]

Se a invocação do art. 980.º é assertiva ou não, é campo sobre o qual não nos queremos insurgir desmedidamente; digamos, é claro que o Código Civil se reporta ao contrato de sociedade – não a outros atos constitutivos de sociedades – e que o CSC se reporta à entidade, sociedade comercial (e, como sabemos, há sociedades comerciais que não nascem de contratos); independentemente disto, há certas caraterísticas do contrato que estão presentes na entidade e servimo-nos dessas caraterísticas na busca pela definição da sociedade (comercial, entidade).[6]

Há, no entanto, doutrina que argumenta que a sociedade comercial não é, não pode ser, uma espécie do género sociedade a que o art. 980.º se reporta – daqui apenas se colhe a noção de sociedade civil e não outra – e que tal pensamento *só aparentemente adere à realidade*; dir-se-á que a noção a que a norma diz respeito não consegue *abranger todas as sociedades comerciais, tal como existem na lei e na vida*, nomeadamente as sociedades não diretamente lucrativas, as sociedades unipessoais por quotas e aquelas em que não há exercício em comum de determinada atividade.[7]

[3] Falamos do ato constitutivo – ou institutivo, *cf.* Rui Pinto Duarte, *Escritos sobre Direito das Sociedades*, Coimbra Editora, Coimbra, 2008, p. 19 – da sociedade; como sabemos, a sociedade é, desde logo, um ato jurídico – mais do que um contrato ou um negócio, a doutrina alerta para o facto de se poder constituir sociedades mediante atos que não têm natureza contratual (os negócios unilaterais que constituem sociedades unipessoais), nem natureza negocial...

[4] Conceito a que se reporta o CSC.

[5] Coutinho de Abreu, *Curso de Direito Comercial*, Vol. II, 6.ª ed., Almedina, Coimbra, 2020, p. 22.

[6] Rui Pinto Duarte, *ob. cit.*, pp 26 e ss.; Cassiano dos Santos, *Estrutura Associativa e Participação Societária Capitalística. Contrato e Sociedade, Estrutura Societária e Participação do Sócio nas Sociedades Capitalísticas*, Coimbra Editora, Coimbra, 2006, pp. 115 e ss.

[7] Pedro Pais de Vasconcelos, *A Participação Social nas Sociedades Comerciais*, 2.ª ed., Almedina, Coimbra, 2014, pp. 15-20.

II. Há, assim, que refletir sobre a mobilização do art. 980.º, tendo esta de ser feita com cautela – as situações de unipessoalidade existem e há que levá-las em linha de consideração. O mesmo vale para os problemas do exercício em comum (ou falta dele) de uma atividade económica e da prossecução (ou não) do lucro.

As lacunas da norma são claras e apontadas por diversos autores. Agora, não há como não iniciar a construção do conceito sem partir dela ou, pelo menos, sem a ter em linha de consideração.[8]

Admitindo que podemos transportar certas notas caraterizadoras da sociedade-ato jurídico para a sociedade-entidade, essas notas terão, então, de ser procuradas no art. 980.º do CCivil. Agora, o art. 980.º, obviamente importante na clarificação da sociedade-ato constitutivo, é, de certa forma, redutor (desde logo por não considerar as restantes hipóteses de constituição de sociedades), devendo recorrer-se ao sistema jurídico como um todo; isto permite-nos afirmar que a definição de sociedade comercial não se restringe às notas desta norma. Para além disto, também o art. 980.º não faz menção a um importante elemento deste tipo contratual – a organização, a estrutura. Há, nestes casos, situações de confronto entre interesses de sócios e interesses da sociedade e elas existem porque entre estes existe uma estrutura, uma organização que gere a prossecução do objeto social – nomeadamente através de órgãos sociais.[9]

Há, portanto, que interpretar teleologicamente a norma do art. 980.º, integrando-a no sistema como um todo. PINTO DUARTE indica, corretamente, que

> *um conceito de sociedade, enquanto contrato, que pretenda abranger todas as espécies de sociedades no direito português, não tem de coincidir com a definição do art. 980.º do CC (embora tenha de a levar em linha de conta).*[10]

[8] Tendo em conta o art. 2.º do CSC, o n.º 4 do preâmbulo do DL 262/86, de 2 de setembro, que aprovou o CSC, e o art. 980.º do CCivil.

[9] MENEZES LEITÃO, *Direito das Obrigações*, Vol. III, 13.ª ed., Almedina, Coimbra, 2020, p. 257.

[10] RUI PINTO DUARTE, *ob. cit.*, p. 27.

Alinhamos com COUTINHO DE ABREU – há que partir desta norma, mas não se pode ficar por aqui; ela fornece-nos uma noção geral de sociedade e abrange as diversas espécies societárias.[11]

III. Comecemos, assim, a retirar conteúdo do art. 980.º, para que se encontre o conceito de sociedade comercial.

Em primeira linha, exige-se, a *presença de duas ou mais pessoas* – exigência a que, aliás, também o CSC se refere no seu art. 7.º –, sem prejuízo das hipóteses (já conhecidas) de sociedades unipessoais por quotas (art. 270.º-A e ss. do CSC) ou de constituição de sociedades anónimas, por uma outra sociedade, em que esta é a única titular das ações daquela (art. 488.º/1 do CSC). Há, posteriormente, que dotar a sociedade de património próprio – a que corresponde a obrigação de entrada que cada sócio assume perante a sociedade (arts. 980.º e 983.º/1 do CCivil e art. 20.º, a) do CSC), embora essa entrada, como sabemos, possa ser realizada posteriormente.[12]

Depois, os contraentes – sócios – celebram o contrato – de sociedade – para que exerçam uma determinada atividade económica; é este o objeto do contrato, o objeto social (art. 11.º do CSC) – a atividade económica que a sociedade (instituição) virá a exercer. Atividade económica que, diga-se, há de gerar um aumento no património da sociedade, um lucro.[13] Referimo-nos a uma atividade que não pode ser de mera fruição e que será exercida pela sociedade – embora a lei indique que ela será exercida *"em comum (pelos sócios)"*, tal expressão só pode significar que os sócios têm algum peso na condução da vida societária. Esta exigência, quanto às sociedades comerciais, nasce, também, do facto de estas serem obrigadas a ter por objeto a prática de atos de comércio, tendo este conteúdo económico.[14]

[11] COUTINHO DE ABREU, *Artigo 1.º – Âmbito geral de aplicação,* in AAVV, *Código das Sociedades Comerciais em Comentário,* Vol. 1, 2.ª ed., Almedina, Coimbra, 2017, p. 36.

[12] COUTINHO DE ABREU, *Curso de Direito Comercial...,* pp. 24 e 25.

[13] *Ibid.,* pp. 25 e ss.

[14] Para mais desenvolvimentos, vide RUI PINTO DUARTE, *ob. cit.,* pp. 31 e ss.

IV. A sociedade corresponderá, então, a um aparelho que visa o exercício de atividades económicas, um aparelho alternativo ao exercício individual de atividades económicas – isto é assim pela necessidade que os sujeitos começam a ter de se juntar em prol de um *projeto empresarial*. Portanto, a sociedade surge como solução (é a solução) para problemas individuais quanto ao exercício de comércio... individual; ela será, por isto, *instrumento ao serviço dos sócios*, sócios estes que visam a arrecadação do excedente obtido com a atividade económica que a sociedade exerce – diga-se, que visam a obtenção de lucros (não esqueçamos este facto).[15]

Indica CASSIANO DOS SANTOS que a sociedade (-ato jurídico), sendo inicialmente um acordo que visa a prática de atividades económicas pelos que nele intervêm – o tal *exercício em comum* –, assenta, depois, nessa atividade – e, a ser assim, estas noções não são estanques e equivalentes a todos os tipos societários. Com efeito, a caraterística do *exercício em comum* teria, então, que ser revista.[16]

Partindo disto, há um dado adquirido – aquando do ato constitutivo da sociedade, os sujeitos pretendem o exercício de atividades económicas *mediatamente*. Que quer isto dizer? Que os sujeitos pretendem criar a sociedade-instituição, na qual participam (individualmente, é claro), mas que se relaciona apenas indiretamente com eles e que com eles não se confunde. O que temos, nesta senda, é um acordo societário que forma a sociedade-instituição – aquilo que CASSIANO DOS SANTOS denomina como um centro de definição, imputação e gestão coletiva das atividades económicas – e que se dirige, também, ao tráfico jurídico-económico, na medida em que a sociedade vai neste navegar. O que os sócios fazem é uma preparação, um planeamento se quisermos, quanto aos moldes em que certa atividade económica vai ser desenvolvida posteriormente –

[15] Entre os motivos que levam os sujeitos a agrupar-se para a prática de atividades económicas estão necessidades de capital, de fazer face à concorrência, a intenção de obter lucros maiores, etc. Para mais desenvolvimentos, vide: CASSIANO DOS SANTOS, *ob. cit.*, pp. 86 e ss.

[16] *Ibid.*, pp. 115 e ss. As atividades não se exercem, em comum, de modos iguais. Veja-se o exemplo que o A. indica – nas sociedades anónimas o que temos é praticamente uma mera *associação de capitais*, não havendo comum acordo para o exercício de atividades. Apesar disto, olhando para a regulação deste tipo social no CSC, é claro que há sociedades anónimas nas quais existe um conjunto de pessoas que visam o exercício em comum de determinada atividade.

ainda que ela possa ser imprecisa no contrato. Parece-nos (no caminho de CASSIANO DOS SANTOS) que os sócios não vão exercer determinada atividade em comum, senão preparar-se para a exercer e estruturar esse exercício (e isto tem sentido se pensarmos que quem vai exercer a dita atividade económica é a sociedade e não os sócios em comum, havendo *uma passagem do individual ao coletivo com uma complexidade especial, sendo o resultado desta coletividade imputado à nova estrutura*).[17] Podemos, deste modo, aferir uma caraterística da dita sociedade (e da sociedade comercial) – a autonomia, quer da atividade, quer da estrutura, face aos sócios; dito isto, o tipo societário que virá a ser adotado ditará, também ele, a autonomia da estrutura face aos sócios. [18][19]

Para lá dos requisitos da sociedade em geral – a que alude o art. 980.º –, a sociedade comercial, a estrutura, há de ter por objeto a prática de atos de comércio e há de adotar um dos tipos a que a lei societária se refere. Há que lhe juntar, portanto, os requisitos a que se refere o n.º 2 do art. 1.º do CSC.

Ou seja, a atividade económica a que se refere, nomeadamente, o art. 980.º traduzir-se-á na prática de atos de comércio – atos objetivamente comerciais. Há, depois, uma taxatividade em relação aos tipos legais de sociedades comerciais oferecidos pelo CSC – a adoção de um destes tipos é obrigatória quando o objeto da sociedade é, pelo menos em parte, comercial, não podendo as sociedades comerciais ser atípicas. Esta taxatividade justifica-se, sobretudo, por questões que dizem respeito à segurança jurídica e à proteção do tráfico jurídico, sendo uma necessária e

[17] CASSIANO DOS SANTOS, *ob. cit.*, pp. 115-125 e p. 185.

[18] Em sociedades onde as pessoas interessam mais do que os capitais, o grau de autonomia em relação aos sócios será menor, por exemplo. Nas grandes sociedades anónimas, de capitais dispersos, a autonomia da sociedade em relação aos sócios será, pois bem, muito mais evidenciada.

[19] A partir deste dado, também alguma doutrina distingue a sociedade comercial da sociedade civil – o grau de autonomia na sociedade civil é amplamente menor que na sociedade comercial, podendo haver uma quase identidade daquela com os sócios; ela é, claro está, um tipo de sociedade a par dos tipos previstos no CSC. Sobre isto, mais uma vez, não nos queremos insurgir em demasia, por não ser ponto útil para o objeto do nosso estudo. Vide as obras já citadas de CASSIANO DOS SANTOS, pp. 183 e ss., e de RUI PINTO DUARTE, pp. 60 e ss.

moderada limitação à liberdade de conformação do regime da sociedade que os sócios criam ou, pelo menos, intentam criar.[20]

1.2. A prossecução do lucro como fim social

I. Há uma nota que cumpre analisar autonomamente no que diz respeito ao conceito de sociedade e a que também o art. 980.º do CCivil se refere – a prossecução do lucro, o escopo lucrativo das sociedades (comerciais).

É quase pacífico que *as sociedades comerciais se propõem obter lucros*; diga-se, que o seu fim é a obtenção, mediante o exercício da atividade social, de um aumento no valor do seu património, que, posteriormente, será repartido pelos sócios.[21] Parece clara esta condição se atentarmos na redação do art. 980.º do CCivil, nos arts. 1.º e 2.º do CSC e no n.º 4 do preâmbulo que aprova o próprio CSC.

Sobre isto, há considerações a tecer; antes delas, que aceções de lucro existem e a qual nos reportamos? A todas em geral e a nenhuma em particular.

II. Ora, a sociedade comercial é um veículo para que se pratiquem atividades económicas – para que tal seja possível, os sócios dotam a sociedade de capitais para que ela os invista na sua atividade, constituindo-se o seu património social. O lucro há de ser, desde logo, o excedente que a sociedade obtém, em relação ao seu património inicial, e há de resultar, claro está, do exercício da atividade social. As contas, por sua vez, hão de refletir – com fidelidade e rigor – a existência deste excedente.[22]

O termo *lucro* é concebido de maneiras muito distintas quer pela doutrina, quer pela jurisprudência, tendo relevos também eles distintos para o Direito. Simplisticamente, o lucro será um ganho, um benefício[23], uma variação económica positiva – *a diferença positiva entre as receitas geradas*

[20] COUTINHO DE ABREU, *Curso de Direito Comercial...*, pp. 56-58; COUTINHO DE ABREU, *Artigo 1.º – Âmbito geral de aplicação...*, pp. 44 e ss. CASSIANO DOS SANTOS, *ob. cit.*, pp. 209 e 210.

[21] ????????? as suas mais variadas vertentes; assim, numas vezes fala-se de lucros de exerct COUTINHO DE ABREU, *Curso de Direito Comercial...*, p. 31.

[22] CASSIANO DOS SANTOS, *A posição do acionista face ao lucro de balanço. O direito do acionista ao dividendo no Código das Sociedades Comerciais*, Coimbra Editora, Coimbra, 1996, pp. 28 e ss.

[23] FÁTIMA GOMES, *O Direito aos Lucros e o Dever de Participar nas Perdas nas Sociedades Anónimas*, Almedina, Coimbra, 2011, p. 33.

num certo exercício e as despesas e custos suportados em igual período, o *benefício da atividade social*[24]; genérica e inicialmente, *um ganho traduzível num incremento do património da sociedade.*[25]

Depois, há categorizações que merecem menção[26] – referimos já que as leis do Direito e da vida parecem indiciar que o desígnio da sociedade é o lucro, mas que esse lucro há de ser dividido pelos sócios, falando-se, respetivamente, de *lucro objetivo* e de *lucro subjetivo.*[27] Cumpre considerar, também, que se os sócios têm direito aos lucros[28], esse direito há de reportar-se a determinado momento da vida da sociedade; portanto, podemos falar de *lucro de exercício* – o excedente que surge no património social (líquido) no final de cada período, geralmente anual, sobre o valor que existia no inicio do mesmo período – e de *lucro final* – apurado na fase terminal da sociedade e que diz respeito ao excedente do património social em relação ao capital social. Para além disto, também iremos referir-nos a um conceito de *lucro direto* – aquele que se constitui na esfera da sociedade, que diz respeito a um aumento do seu património e que pode ser distribuído pelos sócios – e de *lucro indireto* – o que se constitui imediatamente na esfera patrimonial dos sócios, não passando pela sociedade (e que, assim, não interessa à vida da sociedade, da estrutura associativa).[29] [30]

[24] Paulo Olavo Cunha, *Direito das Sociedades Comerciais*, 7.ª ed., Almedina, Coimbra, *2019*, p. 356.

[25] Coutinho de Abreu, *Curso de Direito Comercial...*, p. 31.

[26] As diferentes matérias tratadas ao longo do escrito, sobretudo nos capítulos iniciais, podem fazer com que nos reportemos a determinada categoria ou a todas elas indiscriminadamente. De qualquer modo, a menção à categoria a que nos estamos a referir há de ser feita.

[27] Coutinho de Abreu, *Curso de Direito Comercial...*, p. 31 e Fátima Gomes, *ob. cit.*, p. 37.

[28] *Cf.* art. 21.º do CSC.

[29] Fátima Gomes, *ob. cit.*, p. 34.

[30] Uma palavra, em nota, para advertir, ainda, para a importância prática do chamado *lucro de balanço – o acréscimo patrimonial, revelado em balanço, que corresponde à diferença entre o valor do património social líquido e o valor total do capital social e das reservas indisponíveis...* [diga-se, *lb=ps-(cs+r)*]. Este lucro releva para efeitos de distribuição de bens aos sócios – com efeito, não podem, nos termos do art. 32.º do CSC, ser distribuídos bens, quando o capital próprio da sociedade é inferior a esta soma do capital social com as reservas que a lei e o contrato não permitem distribuir ou quando, por força de tal distribuição, ele se tornasse inferior a

Afirmando, tipicamente, a doutrina e a legislação portuguesas que o lucro é o fim último de uma sociedade comercial – entidade ao serviço dos sócios para que estes obtenham, em maior ou menor medida, e ainda que indiretamente, ganhos –, dir-se-á que os sócios, ao constituírem a sociedade ou ao entrarem nesta, têm, geralmente, o interesse de obter uma vantagem patrimonial, que pode ter diferentes índoles. Podemos falar, por exemplo, de lucros distribuídos sob a forma de dividendos, na venda da sua participação social (já valorizada) ou no direito ao bónus da liquidação.[31]

III. Portanto, os sócios têm, nos termos do art. 21.º/1, al. a) do CSC, um direito a quinhoar nos lucros. Os sócios têm interesses que são seus, é claro, e um desses interesses pessoais passará certamente pelo direito a quinhoar nos lucros. Bem se verá que este intento pode gerar conflitos, mormente com a sociedade, e que este ímpeto dos sócios para o lucro terá que ser controlado.

O lucro está, de facto, entre os sócios e a sociedade – ele é da sociedade, forma-se no seu património e é no quadro da estrutura que se toma a decisão de o atribuir ou não aos sócios. Este é fim comum à totalidade

tal soma... COUTINHO DE ABREU, *Curso de Direito Comercial...*, p. 427. Ainda sobre o lucro de balanço, *cf.* PAULO OLAVO CUNHA, *Direito das Sociedades Comerciais...*, pp. 365 e ss.

Para lá das categorias que aqui mencionamos, existem outras igualmente relevantes para a vida societária. Mencione-se o lucro em sentido amplo e o lucro em sentido restrito, o lucro em sentido económico, em sentido contabilístico, em sentido tributário e o próprio dividendo. Sobre este vasto elenco e a sua análise, *cf.* FÁTIMA GOMES, *ob. cit.*, pp. 34-45.

Duas outras rápidas notas: a primeira para referir que o CSC faz menção aos lucros nas suas mais variadas vertentes; assim, numas vezes fala-se de *lucros de exercício* (por exemplo, nos arts. 31.º/1 e 2, al. c) 33.º, 34.º, 40.º, 96.º), noutras de *lucros líquidos* (art.º 279.º/8) e noutras tão só *de lucros da sociedade* (art. 295.º/1 e art. 396.º) ou de *lucros distribuíveis* (arts. 341.º, 342.º e 349.º/6); aliás, por vezes fala-se só de *bens da sociedade* a poder ser repartidos pelos sócios, parecendo, consoante os casos, adotar-se conceções mais ou menos amplas de lucro. Não obstante, e entramos na segunda nota, o sentido jurídico-societário do lucro assentará na contraposição entre lucros passíveis de distribuição e lucros cuja repartição é proibida. O regime do lucro, e as suas próprias aceções, giram em torno desta contraposição. Para mais desenvolvimentos, vide novamente a obra já citada de FÁTIMA GOMES.

[31] ANTÓNIO PEREIRA DE ALMEIDA, *Sociedades Comerciais*, 4.ª ed. (Completamente reformulada de acordo com o Dec. Lei N.º 76-A/2006), Coimbra Editora, Coimbra, 2006, pp. 93 e 94.

dos associados, havendo mesmo quem diga que é mero fim formal – que só se exige uma adesão formal de cada um dos sócios quanto a este fim, que é associativo e não *(necessariamente)* individual.[32]

O que dizemos é que terá que haver um equilíbrio entre o intento dos sócios – que claramente andará pela obtenção de vantagens patrimoniais[33] – e o intento da sociedade – a sociedade pode, por exemplo, pretender autofinanciar-se ou expandir as suas empresas.[34]

Apesar do freio que por vezes é preciso colocar nos sócios, para que não se advoguem políticas, digamos, *irracionais* quanto à obtenção de lucros, é, então, direito seu quinhoar nos lucros, nos termos do art. 21.°/1, al. a) do CSC. Eles participarão nos lucros, mas também nas perdas, da sociedade, nos termos estabelecidos no art. 22.° do CSC, ou seja, de acordo com a proporção do valor das suas participações no capital social.

Não quer isto dizer que, havendo lucros distribuíveis, os sócios os possam exigir a todo o tempo – só o poderão fazer quando eles devam ser distribuídos, sendo que a decisão por tal distribuição é tomada em assembleia geral; por isto, a doutrina fala em direito abstrato aos lucros – faz-se depender este direito dos *bons resultados atividade societária*[35], mas note-se que ele não é *mera expectativa jurídica*, existem já *poderes ou faculdades atualmente exercitáveis* – e direito concreto aos lucros – o direito de crédito à quota-parte dos lucros distribuídos.[36]

[32] Cassiano dos Santos, *Estrutura Associativa...*, p. 251 e pp. 257 e ss., afirma que a única comunhão de interesses necessária entre os sócios é a de criar a sociedade-estrutura e que, existindo o acordo para criar a estrutura, combina-se, posteriormente, que o seu fim será o da obtenção de lucros. Os interesses individuais dos sócios são diversos, podendo não se identificar com os da sociedade; o Autor indica que nem tem sequer que ser (mas parece-nos ser) interesse dos sócios a prossecução do lucro – a exigência de que o fim da obtenção e repartição de lucros exista, dirige-se à sociedade. Claro está que na maioria dos casos os sócios visam a obtenção de lucros – a sociedade é instrumento ao seu serviço para que estes obtenham lucros.

[33] Isto é claro se atendermos ao lucro subjetivo; a sociedade propõe-se obter lucros para que estes sejam, então, repartidos pelos sócios.

[34] António Pereira de Almeida, *ob. cit.*, 93 e 94.

[35] Paulo Olavo Cunha, *ob. cit.*, p. 354.

[36] Coutinho de Abreu, *Curso de Direito Comercial...*, pp. 428 e ss. Repare-se – nenhum sócio pode ser excluído da comunhão nos lucros. O art. 22.°/3 do CSC é norma imperativa e proíbe claramente o pacto leonino; com efeito, a cláusula estatutária com tal previsão é nula, nos termos do art. 294.° do CCivil; no mesmo sentido, é nula a deliberação dos sócios ou da

IV. A meta da obtenção do lucro parece, entre nós, ser necessária e essencial à sociedade (comercial) – isto parece claro se atentarmos no art. 980.º do CCivil, nos arts. 1.º e 2.º do CSC e n.º 4 do preâmbulo que aprova o CSC.

Não obstante, há vozes que se levantam contra esta posição. Isto é, há quem entenda que o fim lucrativo é dispensável, acessório, ou um dos fins possíveis da sociedade (podendo, portanto, existir outros?), ou até que o lucro deve ser entendido em termos (demasiado) latos. É de fácil de dedução que os que defendem esta conceção descartam o art. 980.º do CCivil como base a partir da qual se define a sociedade comercial e que esta não é uma espécie/ um género de sociedade a que o art. 980.º se refere.

FERRER CORREIA não considera este fim um elemento essencial ao contrato – essencial é tão só que os sócios se proponham exercer, e exerçam, certa atividade económica comum que lhes proporcione uma vantagem ou proveito económico. Melhor, FERRER CORREIA indica que o fim do contrato de sociedade é o lucro, mas entende que este não tem de se constituir no património da sociedade (pode constituir-se diretamente no património dos sócios) e que deve ser entendido em *termos muito latos*. Não obstante, reconhece que este não é o curso normal das coisas – a sociedade constitui-se para, *através do exercício da empresa coletiva, realizar um lucro* (um incremento no seu património social, que depois há de ser distribuído pelos sócios).[37] Outros, quase acompanhando esta linha de

administração que exclua um sócio dos lucros, arts. 56.º/1, al. d) e art. 411.º/1, c) do CSC, respetivamente.
Cumpre fazer uma outra nota para que se evitem confusões terminológicas – parece-nos mais correto que se fale em *direito aos lucros de exercício* quanto às sociedades por quotas e *direito aos dividendos* quanto às sociedades anónimas. Tentaremos ter este cuidado sempre que possível, não obstante falarmos em direito aos lucros indiscriminadamente. *Cf.* PAULO OLAVO CUNHA, *ob. cit.*, p. 356.

[37] É aquilo que FERRER CORREIA denomina por sociedade lucrativa... ANTÓNIO FERRER CORREIA, *Lições de Direito Comercial*, Vol. II: Sociedades comerciais: doutrina geral, Ed. do A., Coimbra, 1968, pp. 234 e 235.

pensamento, indicam que o escopo lucrativo é tão só um elemento normal, mas não essencial, da sociedade.[38]

Continuando, há quem indique que há dados que parecem indiciar que no ordenamento jurídico português o fim lucrativo é tão só o fim regra, existindo exceções ou, pelo menos, dúvidas quanto à finalidade que a sociedade prossegue.[39]

Circunstâncias há em que este escopo não é tão evidente, havendo mesmo quem questione a sua existência - PAIS DE VASCONCELOS afirma, respaldando-se no facto de a norma do art. 980.º do CCivil não servir para a qualificação da sociedade comercial, que o intuito lucrativo é um intuito tipico da sociedade, mas não é necessário. Ou seja, por cá existem autores que consideram o fim lucrativo – consagrado legalmente no art. 980.º – *excessivamente restritivo*, já que não inclui no seu âmbito as cooperativas, e *excessivamente rígido*, uma vez que há sociedades, nomeadamente as que integram os grupos de sociedades, que não prosseguem este fim. Veja-se que no caso dos grupos de sociedades, casos há em que a sociedade-filha é *totalmente dominada ou contratualmente subordinada* à sociedade mãe e, assim, é um *instrumento não lucrativo do respetivos sujeito jurídico* que a controla.[40]

A realidade parece mostrar-nos que há sociedades que não têm como função obter e atribuir lucros – sociedades que são meros *instrumentos*, *veículos* de outras sociedades, sociedades *holding* ou sociedades gestoras de participações sociais, sociedades que, por exemplo, regulam certos setores de determinada empresa, coordenam certa atividade ou regulam a contabilidade.[41] Não é que da sua atuação não resultem lucros – parece-nos que eles hão de aparecer, ainda que indiretamente, e ser distribuídos noutra sociedade.

[38] JORGE PINTO FURTADO, *Curso de Direito das Sociedades*, Almedina, Coimbra, 2004, p. 139 – o Autor refere que há figuras societárias, nomeadamente as cooperativas e as SGPS, que não têm por fim a realização de lucros...

[39] COUTINHO DE ABREU, *Artigo 1.º – Âmbito geral de aplicação...*, p. 43.

[40] COUTINHO DE ABREU, *Da Empresarialidade – As Empresas no Direito*, Almedina, Coimbra, 1996, p. 305.

[41] PAIS DE VASCONELOS, *ob. cit.*, pp. 25 e ss.

Existe, depois, uma série de Autores que advogam a posição de que o elemento lucrativo é essencial, típico das sociedades comerciais – e há quem seja perentório e indique que isto é claro, caso de RAÚL VENTURA que vem dizer que a necessidade deste fim é uma consequência clara da proibição do pacto leonino[42] e que se esta proibição existe é porque há obrigação de participar nos lucros.[43]

Também PAULO OLAVO CUNHA parece concordar com o fim egoístico das sociedades, indicando mesmo que ele, o fim lucrativo, é tipico da vida mercantil, que a sociedade comercial exerce com caráter de estabilidade uma atividade económica lucrativa que se traduz na prática de atos de comércio.[44]

A nossa Escola de peso – com COUTINHO DE ABREU à cabeça – afirma que o fator lucrativo é necessário às sociedades comerciais, apesar de poder haver desvios pontuais a essa regra. Assim parece ser. Apesar disto, há notas a ter em consideração, tendo em conta os ensinamentos dos nossos Autores de base. Antes disso, faremos algumas breves considerações de Direito Comparado.

V. Nos ordenamentos jurídicos latinos, as coisas andam em torno do que temos vindo a dizer no que diz respeito à indefetibilidade do elemento lucrativo em relação à sociedade comercial. Assim é, em geral, por Espanha (art. 1665.º do Código Civil[45] e art. 116.º do Código de Comercio[46]), por França (o art. 1832.º do Code Civil Français acolhe um sentido amplo de escopo lucrativo, ao admitir que a sociedade pode ter um de

[42] O art. 994.º do CCivil indica que as cláusulas que excluem um sócio da comunhão nos lucros são nulas.

[43] RAÚL VENTURA, *Sociedades Por Quotas. Comentários ao CSC*, vol. I, 2.ª reimp., 2.ª ed., Almedina, Coimbra,1999 p. 326.

[44] PAULO OLAVO CUNHA, *ob. cit.*, p. 11 e p. 355.

[45] Rege o art. 1665.º do Código Civil Espanhol que "*La sociedad es un contrato por el cual dos o más personas se obligan a poner en común dinero, bienes o industria, con ánimo de partir entre sí las ganancias.*"

[46] Rege o art. 116.º do Código de Comercio que "*El contrato de compañía, por el cual dos o más personas se obligan a poner en fondo común bienes, industria o alguna de estas cosas, para obtener lucro, será mercantil, cualquiera que fuese su clase, siempre que se haya constituido con arreglo a las disposiciones de este Código.*"

dois fins – ou *"partager le bénéfice"* ou *"profiter de l'économie*[47]*)* e na Itália (o art. 2247.º do Codice Civile prevê como fim do contrato de sociedade a divisão de lucros entre os sócios; apesar disto, a doutrina divide-se e há quem não considere este elemento essencial para a qualificação da sociedade[48]).

Nos EUA, as partnerships – definidas como *"an association of two or more co-owners to carry on a business for profit"* – têm, como a definição indica, escopo lucrativo. Estas distinguem-se das *corporations* – uma *legal entity deemed to come into existence upon compliance with certain formal procedures (...); these procedures are taken pursuant to a corporate statute that is essential to the corporation's legal existence* (...).[49] No entanto, também as *corporations* terão fim lucrativo – veja-se a redação dos *Principles of Corporate Governance* (ALI, 1992) que indicam claramente que a *"(business) corporation should have as its objective the conduct of business activities with a view to enhan-*

[47] O alargamento do fim da sociedade, consagrando-se uma noção ampla de benefício, de vantagem económica, dá-se em 1978, deixando de atender-se, para a qualificação de uma sociedade comercial, tanto ao fim lucrativo, mas levando agora em linha de consideração a vontade dos sócios, que há de assentar na sua participação na vida social num plano de igualdade. Ressalte-se, aliás, que a noção de sociedade oferecida pelo Code Civil Français é, em parte, do nosso agrado – após várias alterações, a noção passa a abranger as situações de unipessoalidade; discutível é a bondade de considerar o escopo lucrativo da sociedade de maneira demasiado ampla. George Ripert; René Roblot, *Traité Elémentaire de Droit Commerciale*, Tomo I, 17éme ed., LGDJ, Paris, 1998, p 553 e ss. e Jérôme Julien, *Observations sur l'évolution jurisprudentielle du sort des associes dans la société civile* in RTD Com et Droit Économique, 2001, fasc. 4., p. 844 e ss. Naturalmente que com este alargamento do fim social passam a existir dificuldades na distinção da sociedade em relação a figuras afins (como as associações ou os agrupamentos de interesse económico). Michel Juglart; Benjamim Ippolito, *Les Sociétés Commerciales, Cours de Droit Commercial*, Vol. II, 2. ème ed. (refundida por Dupichot), Montcherestien, Paris, 1999, p. 66 e ss., *apud* Fátima Gomes, *ob. cit.*, pp. 60 e 61.

[48] Rege o art. 2247.º do Código Civil Italiano que *"Con il contratto di società due o più persone conferiscono beni o servizi per l'esercizio in comune di una attività economica allo scopo di dividerne gli utili."*. Os defensores do chamado *"tramonto dello scopo lucrativo"* argumentam com a superação deste escopo aludindo a fenómenos societários que consagram exceções à regra geral do escopo lucrativo. Fátima Gomes, *ob. cit.*, pp. 69 e 70, notas 118 e 119.

[49] R.C. Clark, *Corporate Law*, Little, Brown and Co., Boston, Toronto, 1986, pp. 4 e 5.

cing corporate profit and shareholder gain."[50] Em oposição, as *non-profit corporations* não têm, claro está, fim lucrativo.

Para finalizar, no Reino Unido o *Partnership Act* de 1890 indica que a *partnership* – a *relation which subsists between persons carrying on a business in common with a view of profit*[51] – tem, como percebemos, escopo lucrativo. No que diz respeito às *companies* – uma *company* é, em geral, assim qualificada se formada e registada de acordo com as normas do Companies Act de 2006 –, as *limited by guarantee* são usadas maioritariamente para fins de educação e caridade.[52]

VI. Considerada a doutrina e o Direito estrangeiro, cumpre tomar posição em relação ao que por nós foi sendo dito. Cumpre questionar se se admite entre nós a possibilidade de que haja sociedades não lucrativas, sociedades cujo escopo seja outro que não o lucro (como as que existem, sobretudo, nas experiências anglo-saxónicas), havendo vozes que indicam que têm vindo a incrementar-se *tipos societários cujo escopo principal não é o lucro direto e imediato*, mas tão só a obtenção de *vantagens económicas e organizacionais* que parecem poder gerar-se diretamente no património dos associados. Mais: que não existem razões que impeçam a existência deste tipo de sociedades comerciais (?). Duvidoso.[53]

Ora, em geral, as posições contra a essencialidade do elemento lucrativo à sociedade comercial giram em torno do facto de haver fenómenos

[50] Apesar disto, já se afirmava em 1993 nos EUA que uma das premissas do *corporation law* seria a garantia de que, na prossecução do lucro, a *corporation* deveria atender ao facto de ser uma realidade social e económica e que a busca pelo seu fim deveria atender, obviamente, a imperativos sociais e legais... Sobre isto, servimo-nos de MELVIN ARON EISENBERG, *An Overview of the Principles of Corporate Governance.* The Business Lawyer, Vol. 48, Ag. 1993. Disponível em: https://www.google.com/url?sa=t&rct=j&q=&esrc=s&source=web&cd=&ved=2ahUKEwiK45bY-I73AhXz7rsIHfu7D7cQFnoECAQQAQ&url=https%3A%2F%2Flawcat.berkeley.edu%2Frecord%2F1114690%2Ffiles%2Ffulltext.pdf&usg=AOvVaw0aBE1b9zjh6XFkMCkZGAOd

[51] Definição da Sec. 1 do *Partnership Act* de 1980.

[52] FARRAR'S, *Company Law*, 3rd ed., Butterworths, London, Dublin, Edinburgh, 1991, p. 44., apud COUTINHO DE ABREU, *Curso de Direito Comercial...*, p. 34.

[53] JOÃO MIGUEL ASCENSO, *As sociedades não lucrativas. Breve análise do direito dos sócios aos lucros,* RDS Ano III, N.º 3, 2011, pp. 811-856.

pontuais em que há derrogação, neutralização, desse fim. Aponta-se, ou apontava-se, a este respeito, a sociedade (anónima) desportiva, sociedades no seio de grupos – geralmente sociedades *holding* e sociedades gestoras de participações sociais – e as sociedades (anónimas) de capitais públicos, como sendo figuras em relação às quais não se afirma a existência de escopo lucrativo; o fim destas sociedades há de ser outro que não o lucro. Por isto deixa o lucro de ser elemento essencial da sociedade-contrato e da sociedade-estrutura?

Quanto às sociedades anónimas desportivas a questão parece nem sequer merecer lugar nos dias que correm – se outrora se afirmou que o escopo destas sociedades era meramente desportivo, a verdade é que se revela, mais tarde, o lucro objetivo e, depois, o lucro subjetivo; note-se que, antes, a atribuição de lucros aos sócios era mera possibilidade, mas que este normativo foi eliminado, passando, assim, a aplicar-se subsidiariamente o regime geral das sociedades comerciais (como refere o preâmbulo do DL n.º 10/2013 – Regime Jurídico das Sociedades Desportivas). Assim, é claro que as sociedades anónimas desportivas têm necessariamente fim lucrativo[54] – elas são sociedades comerciais – e que esse lucro há de ser atribuído ao(s) sócio(s). Ou seja, é direito dos sócios quinhoar nos lucros nos termos da lei geral societária. Agora, esta aspiração pelo lucro há de andar a par do apregoado fim desportivo – um e outro hão de ser compatíveis.[55]

[54] Com efeito, só em 1997 se abre a porta à possibilidade de as sociedades desportivas poderem – deverem – ter escopo lucrativo, e à repartição/ atribuição desse lucro ao(s) sócio(s). O que o DL n.º 146/95 previa é que os lucros de exercício desta sociedade necessitavam de *"reverter para benefício da atividade desportiva do clube"*, não se admitindo a possibilidade da sua atribuição ao(s) sócio(s). Maria de Fátima Ribeiro, *Sociedades Desportivas,* Universidade Católica Editora, Porto, 2017, pp. 35 e 36.
O escopo lucrativo afirma-se no âmbito destas sociedades, ainda que por força do exercício da atividade (desportiva) em questão não se reúnam condições para que o lucro se produza – assim, basta que haja ânimo de produção de lucro no património da sociedade e a intenção de o distribuir aos sócios. Isto parece óbvio.

[55] O que se começa a questionar – fá-lo Maria de Fátima Ribeiro – é se clubes desportivos que estão organizados sob forma associativa não terão, essencialmente, fim lucrativo. Isto porque parece haver um conflito no art. 26.º da Lei de Bases da Atividade Física e do Desporto (Lei n.º 5/2007, de 16 de janeiro). Com efeito, o n.º 1 indica que *"são clubes desportivos as pessoas coletivas de direito privado, constituídas sob a forma de associação sem fins lucrativos, que tenham como*

Quanto às SGPS: estas são sociedades cujo objeto social é a gestão de participações sociais noutras sociedades, como forma indireta de exercício de atividades económicas (art. 1.º/ 1 do DL 495/ 88, de 30 de dezembro), e o seu objetivo – *máxime*, o seu fim – é o desenvolvimento de tais atividades.[56] A existência destas sociedades parece ser a razão pela qual PAIS DE VASCONCELOS rejeita a exigência de lucratividade das sociedades comerciais – nelas não se formam lucros e não há a sua posterior distribuição; o mesmo vale para as sociedades ditas instrumentais. O que se pretende com estas sociedades é, efetivamente, potenciar a obtenção de lucros por outras, nomeadamente pela sociedade-mãe.[57] A *holding* não se constitui para lucrar? Claro que sim; ainda que esse lucro possa ser instrumentalizado por outra sociedade.

Parece, de facto, que podem existir exceções diretas à regra do escopo lucrativo das sociedades comerciais. No entanto, trata-se de exceções introduzidas pelo Estado, na sua veste de legislador, em situações muito concretas, mais da vezes, de relações de grupo, reconhecendo-se as especificidades que esta relação exige.[58]

escopo o fomento e a prática direta de modalidades desportivas"; por sua vez, o n.º 2 indica que *"os clubes desportivos participantes nas competições profissionais ficam sujeitos ao regime especial de gestão, definido na lei, salvo se adotarem a forma de sociedade desportiva com fins lucrativos"*. O que se quer dizer é que enquanto um clube desportivo não participar em competições profissionais não pode ter fim lucrativo – é uma associação sem fins lucrativos –, mas que no momento em que essa participação *"profissional"* suceda, *inevitavelmente e sem mais,* esse fim lucrativo já se revela. Note-se que os clubes desportivos eram tipicamente associações, prosseguindo fins típicos de associações. O que tem de se ter em conta é a compatibilização do objeto social (das sociedades desportivas) – que, em geral, consiste na participação em competições desportivas – com o escopo lucrativo; e cumpre saber se há sempre, na prossecução de tal objeto, escopo lucrativo. Parece que tem de haver escopo lucrativo, uma vez que, por força do art. 6.º do CSC, os atos contrários ao fim lucrativo serão nulos, porque estão fora do âmbito da capacidade da sociedade. Não obstante, há quem indique que esta não é a melhor solução. Sobre isto, vide a obra citada de MARIA DE FÁTIMA RIBEIRO, pp. 38-44.

[56] ANA PERESTRELO DE OLIVEIRA, *Manual de Grupos de Sociedades,* Almedina, Coimbra, 2016, pp. 32 e 33.

[57] PAIS DE VASCONELOS, *ob. cit.*, pp. 27 e 28.

[58] FÁTIMA GOMES, *ob. cit.*, p. 85. O que dissemos para as sociedades *holding* vale para as sociedades veículo, que cumprem funções muito concretas dentro de um determinado grupo de sociedades. No caso dos grupos de sociedades, já o dissemos, há situações em que uma empresa é *totalmente dominada ou contratualmente subordinada* a uma outra e, assim, é um *ins-*

Complicados são, sobretudo, os casos de sociedades do setor empresarial do Estado, as sociedades de capitais públicos[59], em que se pode falar, com cautela – alerta, bem, COUTINHO DE ABREU –, da "*neutralidade*" *da "forma" sociedade*. Com efeito, se temos uma sociedade constituída nos termos do CSC ou do CCivil, o seu escopo há de ser lucrativo dada a exigência das notas a que se refere o art. 980.º.

Não obstante, e quando tenham de *exercer atividades deficitárias*, a atuação da sociedade em nome do interesse público pode ditar uma atuação que não visa a obtenção de lucros. Historicamente, isto era claro no caso das antigas S.A. hospitalares (entretanto convertidas em E.P.E.).[60] Depois, no caso de a sociedade ser criada por ato legislativo ou por outro modo jurídico-público permitido, a noção geral de sociedade pode ser derrogada e, assim, excluir-se o escopo lucrativo da sociedade.[61]

Não nos parece ser por isto que estas sociedades deixem de se qualificar como sociedades comerciais e parece-nos, também, que não é por isto que o escopo da sociedade comercial deixará de ser o lucro e muito menos que este elemento deixa de ser necessário à existência da sociedade comercial.

Entre nós, a prossecução e repartição do lucro são condições que têm que, necessariamente, existir no contrato de sociedade – e que, assim, irão transparecer na estrutura (até porque este acordo, esta comunhão

trumento não lucrativo do respetivos sujeito jurídico que a controla. Ao dizer isto, COUTINHO DE ABREU refere-se, no entanto, ao conceito de *empresa* e não ao conceito de *sociedade*; com efeito, para a qualificação jurídica da empresa o elemento lucrativo não releva, havendo, claro está, diversas *espécies empresariais* sem escopo lucrativo. COUTINHO DE ABREU, *Da Empresarialidade – As Empresas no Direito*, Almedina, Coimbra, 1996, p. 305.

[59] Falamos, desde logo, nos termos do DL 558/99, de 17 de dezembro (com as alterações introduzidas pelo DL 3000/ 2007), de empresas públicas/ de *sociedades constituídas nos termos da lei comercial* e nas quais o Estado é, em geral, detentor da *maioria do capital ou dos direitos de voto* ou das situações em que este tem o *direito de designar ou destituir a maioria dos membros dos órgãos de administração e fiscalização.*

FÁTIMA GOMES, *ob. cit.*, pp. 79 e ss. COUTINHO DE ABREU, *Privatização de empresas públicas e empresarialização pública*, in IDET, Miscelâneas n.º 3, Almedina, Coimbra, 2004, pp. 59 e ss.

[60] COUTINHO DE ABREU, *Sociedade Anónima, a Sedutora (Hospitais, S.A., Portugal, S.A.)* in IDET, Miscelâneas, N.º 1, Almedina, Coimbra, 2003, p. 13.

[61] O Estado criou já diversas S.A. por DL – COUTINHO DE ABREU, *Curso de Direito Comercial*, pp. 36 e 37. Vide ainda, COUTINHO DE ABREU, *Privatização de empresas públicas...*, pp. 64 e 65.

dos sócios quanto à prossecução e repartição do lucro, é relativo à estrutura, ao plano associativo e não ao fim individual dos sócios, que pode ser este, outro ou outros).[62]

Esta é o entendimento que nos parece correto a fazer no que diz respeito à obtenção de lucros e à sua repartição pelos sócios enquanto teleologia de uma sociedade comercial. O seu fim é o escopo lucrativo e a lei não parece deixar margem para dúvidas. Apesar de haver alguma abertura para a existência de sociedades com um outro fim, são situações finalidades pontuais – quer dizer, são finalidades muito concretas que essas sociedades servem e que não nos permitem fazer uma interpretação extensiva da norma no sentido de considerar que o fim social pode ser outro ou que pode ser derrogado, deixando de ser necessário. Já declarava COUTINHO DE ABREU... *não se generalize.*[63]

Assim, não é adequado, parece-nos, que entre nós haja quem indicie que há situações em estamos perante uma sociedade comercial em que não é respeitado o fim lucrativo, ou que este pode ser arbitrariamente derrogado – muito menos indicando como exemplos as cooperativas (que não são, no nosso entendimento, sociedades comerciais), as SGPS ou as sociedades anónimas desportivas (embora, quanto a estas, dúvidas existissem no seu último regime). Tanto que este fim só a lei o pode afastar – e fá-lo muito poucas vezes e em situações muito concretas e com justificativas mais ou menos válidas.

O fim lucrativo, dir-se-á, serve tipicamente para delimitar a figura da sociedade comercial face a outros fenómenos associativos que não têm este escopo.

Do estabelecimento deste fim decorre uma importante e considerável limitação à liberdade negocial dos sujeitos que celebram o contrato de sociedade – entre nós, não se pode recorrer à estrutura societária e apor-lhe outro fim que não seja o fim lucrativo.[64]

[62] CASSIANO DOS SANTOS, *Estrutura Associativa...*, p. 250.

[63] COUTINHO DE ABREU, *Curso de Direito Comercial...*, p. 37.

[64] Não só não se pode estabelecer que o escopo da sociedade seja a produção a favor de terceiro, nem que o fim da sociedade é a maximização direta do lucro no património individual dos sócios (por oposição ao lucro da sociedade) – não se pode estabelecer nenhum fim social

1.3. Concretização de problemas para alcançar soluções – entre sociedades "especiais" e interesses (não) lucrativos

I. Acreditamos ser ponto assente a finalidade lucrativa das sociedades comerciais. A génese da sociedade comercial assenta nesta condição – ela é criada com o intuito de gerar lucros; ela é um veículo para o exercício de atividades económicas e a sua sobrevivência depende de uma boa *performance* e da, consequente, obtenção de excedentes patrimoniais para fazer face às suas obrigações e aos interesses dos sócios.

Não nos parece que se tenha alterado o paradigma de que as sociedades comerciais têm escopo lucrativo – é, aliás, duvidoso que este paradigma deva ser alterado. Primeiro, porque este elemento serve para delimitar a figura face a outros fenómenos associativos e sem ele haveria um imbróglio na qualificação jurídica de certos fenómenos. Depois, já o dissemos, a génese da sociedade comercial é esta – os intuitos dela são a obtenção de excedentes patrimoniais para suprir uma série de necessidades que são, desde logo, suas. A sociedade da era capitalista, como veículo para a prática de atividades económicas, como comerciante, como estrutura organizada e alternativa ao exercício de comércio individual, visa a obtenção de lucros – é claro isto. É discutível se elas podem ter outros fins, se se devem criar figuras como a da *non-profit corporation* ou se devemos alargar o conceito como o fez o ordenamento jurídico francês; mas a interpretação que fazemos é a de que a lei portuguesa consagra como fim das sociedades comerciais o lucro e que há exceções muito pontuais e justificáveis a esta regra. Note-se que o art. 980.º do CCiv. é uma norma imperativa, que em caso algum pode ser afastada pelos estatutos sociais.

II. Agora, a sociedade vive só de lucro? Isto significa que tem de se garantir uma maximização do valor acionista a qualquer custo? Que tem de ser dada prioridade aos interesses lucrativos e egoístas dos sócios em detrimento de quaisquer outros? A resposta só pode ser negativa, tendo que se mitigar políticas de obtenção de lucros desmedidas, políticas de curto prazo que comprometam, por exemplo, a viabilidade da sociedade

que não seja o escopo lucrativo ou, assim, não temos sociedade... CASSIANO DOS SANTOS, *Estrutura Associativa...*, pp. 262 e 263.

comercial, as pessoas que gravitam à sua volta (sobretudo trabalhadores, credores sociais e clientes) ou o meio ambiente.

Os problemas destas políticas foram sendo evidenciados ao longo da história e culminam, mais das vezes, em graves crises financeiras (que parecem demonstrar a necessidade de mudanças ao nível *jus* societário e da governação de sociedades comerciais) – com efeito, grande parte dos desafios que hoje se impõem ao Direito Societário decorrem de estratégias de obtenção de lucros irracionais. As pressões do mercado de valores mobiliários – com a gestão irracional de riscos, os objetivos de curto prazo dos investidores, o recurso a *hedge funds* obscuros[65], o *short selling*, a especulação[66] –, alinhadas com a (des)governação de muitas sociedades comerciais (a anónima, sobretudo), – com, por exemplo, ocultação e inflação de contas, pacotes remuneratórios desmedidos, financiamento ilegal de partidos políticos[67] – levam a escândalos de corrupção e ao colapso de diversas empresas no fim do séc. XX e no inicio dos anos 2000.

Urge, portanto, encontrar um equilíbrio entre os diferentes interesses dos sócios e entre estes e os interesses dos não sócios, sendo que a tónica não pode ser colocada no *short termism*, num "***excessive focus** of corporate managers, asset managers, investors, and analysts on **short-term results**, whether quarterly earnings or short-term portfolio returns, and a **repudiation of concern for long-term value creation and the fundamental value of firms**.*"[68] Os estudos e a evidência prática colocam a nu a propensão que as sociedades (também da União Europeia) têm para se focar em políticas de curto

[65] Aliás, os *hedge funds* [fundos de gestão alternativa, que a Diretiva 2011/61/UE define, no seu art. 4.º/1, al. a), como sendo um *organismo de investimento coletivo (...) que reúna capital junto de um certo número de investidores, tendo em vista investi-lo de acordo com uma política de investimento definida em benefício desses investidores* (...)] – e a sua relação com o *short selling* e o *shadow banking* - podem provocar graves crises financeiras e levar sociedades à ruína. Sobre a conexão dos *hedge funds* com a (in)sustentabilidade de sociedades e a crise financeira de 2007-2008, vide SOVERAL MARTINS, *Sustentabilidade das Empresas, "Gafanhotos" e "Alcateias de Lobos"*, in AAVV, *Diálogos com Coutinho de Abreu: Estudos Oferecidos no Aniversário do Professor*. Org.: ALEXANDRE DE SOVERAL MARTINS... [et. al.], Almedina, Coimbra, 2020, pp. 23 e ss.

[66] Alimentada pelo *high frequency trading*... ANA PERESTRELO DE OLIVEIRA, *Manual de Governo das Sociedades*, Almedina, Coimbra, 2018, p. 21.

[67] COUTINHO DE ABREU, *Governação das Sociedades Comerciais*, 2.ª ed., Almedina, Coimbra, 2010, pp. 9 e ss.

[68] Sublinhado nosso.

prazo, com meros benefícios para os sócios, ao invés de se orientar para a sustentabilidade e para os seus interesses de longo prazo.[69]

Esta prática – resultado, em parte, da separação da direção da sociedade por quem nela investe o seu capital e, sobretudo, da *separação da propriedade da propriedade*[70] – tem, claro está, consequências ao nível ambiental, social (no plano das desigualdades e dos direitos humanos), económico e da sustentabilidade.[71]

Este é, aliás, um dos pontos chave da governação societária – garantir que a sociedade é gerida com um horizonte temporal alargado, mesmo que haja investidores com ímpetos de curto prazo, que não terão preocupações com a tal valorização da empresa num espaço temporal alargado.[72]

Dissemos já que uma das premissas do Direito Societário deve ser a garantia de que, na prossecução do lucro, a sociedade deve atender ao facto de ser uma realidade social e económica e que a busca pelo seu fim deveria atender, obviamente, a imperativos sociais...[73] Mas, mais do que atender a imperativos sociais, é óbvio que, sendo *sujeitos de direito*, operando no tráfico jurídico, as sociedades têm que obedecer à lei na prossecução do seu fim... lucrativo. Quem atua no seio da sociedade, nomeadamente nos órgãos sociais, está vinculado a estes comandos – havendo

[69] Os dados indicam que entre 1992 e 2018 esta foi a tendência – se em 1992 o pagamento de dividendos aos acionistas representava 1% das receitas das sociedades, em 2018 esse valor passa a 4% das receitas. Isto em detrimento de investimentos, nomeadamente em I&D, que seriam necessários. EUROPEAN COMMISSION DG JUSTICE AND CONSUMERS; EY, *Study on Director's Duties and Sustainable Corporate Governance*, Publications Office of the European Union, Luxembourg, 2020, p. vi. Disponível em: https://op.europa.eu/pt/publication-detail/-/publication/e47928a2-d20b-11ea-adf7-01aa75ed71a1

[70] Note-se que estamos num plano horizontal, de problemas entre sócios e não entre estes e administradores. Os sócios, já o dissemos, têm interesses muito diversos entre si. Quando falamos de meros investidores, que muitas vezes não se prendem à vida societária, que são passivos, o problema agrava-se. Com efeito, a *apatia racional* destes sócios não contribui em nada para a sustentabilidade da sociedade a longo prazo... ANA PERESTRELO DE OLIVEIRA, *Manual de Governo das Sociedades...*, pp. 20 e 21.

[71] EUROPEAN COMMISSION DG JUSTICE AND CONSUMERS; EY, *ob. cit.*, pp. 22 e ss.

[72] Sobre os interesses dos diferentes sócios e os riscos do *short-termism*, vide ANA PERESTRELO DE OLIVEIRA, *Manual de Governo das Sociedades*, Almedina, Coimbra, 2018, pp. 20 e 21 e pp.47 e ss.

[73] *Supra* nota n.º 74, p. 31.

normas especiais para estes sujeitos, impondo-lhes certos deveres que têm de observar aquando da sua atuação (nomeadamente, deveres de cuidado e de lealdade, nos termos do art. 64.º do CSC). [74] Se estas normas têm *enforcement* é outra questão – lá chegaremos. Para além disto, há uma tendência clara para que tais normas sejam interpretadas no sentido mais favorável à primazia acionista

Venham, assim, os códigos de *corporate governance* e as leis societárias clamar por *sustentabilidade empresarial*. Seja lá o que isso for. Implemente-se isso de que maneira for. É claro hoje que a grande maioria das sociedades não tem perspetivas estratégicas relativas à sua sustentabilidade, que as práticas atuais não são capazes de identificar e mitigar riscos, que as estruturas de remuneração dos conselhos de administração incentivam a formação de valor no curto prazo para os acionistas, ao invés de fomentar a criação de valor a longo prazo para a sociedade. Mais: muitas vezes a própria composição do órgão de administração ou de gerência não apoia uma mudança de práticas para a sustentabilidade (as estruturas de governação societária não expressam, muitas vezes, interesse na mudança para a sustentabilidade).[75]

III. A verdade é que a falta de efetividade destas normas merece prévia reflexão. Não obstante a existência de experiências de *soft-law* e, sobretudo – pensar-se-ia –, de *hard-law* com os objetivos de atenuar, eliminar, a maximização dos lucros dos sócios desmedidamente, num muito curto prazo, e de que se atenda a interesses relevantes, de não sócios, na governação da sociedade, a sua falta de efetividade é evidente. Assim, mesmo em países que consagram este tipo de regras – que se referem, em geral, aos deveres fiduciários dos administradores e à sustentabilidade da atuação empresarial –, e porque políticas irracionais de obtenção de lucros ainda predominam, houve necessidade de consagrar figuras societárias

[74] Coutinho de Abreu, *Estado de direito e empresa (sociedade) de direito*, DSR, Ano 13, Vol. 26, 2021, pp. 15 e ss.

[75] Todos estes problemas gravitam à volta do *short-termism*. European Commission DG Justice and Consumers; EY, *ob. cit.*, p. vi.

que têm como fim principal o lucro, mas que terão de o balançar com outros fins, e, também, figuras societárias cujo escopo é não lucrativo.[76]

Referimo-nos a *sociedades especiais (com fim de benefício comum).*[77] Falamos, sobretudo, das *benefit corporations* e das *non-profit corporations* americanas, das *community interest companies* do Reino Unido, da *società benefit* italiana e da *société a mission* francesa.

A origem destes veículos especiais está nos EUA e brota com a criação das *benefit corporations.* Procurando resolver o dilema da maximização do lucro dos sócios, permite-se que uma sociedade possa escolher explicitamente a prossecução de interesses sociais, de *stakeholders,* ao invés de concentrar a sua atuação na obtenção de lucros para os acionistas. A *benefit corporation* permite – tenta permitir – simultaneamente a prossecução de lucros e benefícios que serão económicos, mas sobretudo sociais.[78] Ela

[76] Para lá disto, há ordenamentos jurídicos que, como vimos, alargam o conceito de escopo lucrativo.

[77] Expressão utilizada por ALESSIO BARTOLACELLI, *Modelos de sociedades "especiais" com fim adicional de "benefício comum": benefit corporations dos EUA, società benefit italianas e sociétés à mission francesas (com uma nota anglo-alemã)* in AAVV, *VI Congresso Direito das Sociedade em Revista,* Almedina, Coimbra, 2022, pp. 285 e ss.

[78] As *benefit corporations* foram impulsionadas pela sociedade (*non-profit*) *B-Lab,* que inicia um sistema de certificação de empresas que permite ao mercado, através de um conjunto de padrões transparentes, abrangentes e comparáveis, identificar (através de uma etiqueta *B-Lab* – já se podendo antecipar aqui problemas... a etiqueta é aposta por uma *corporation* a outra *corporation*; e a garantia de autenticidade e confiabilidade na etiqueta atribuída? Não seria mais adequada uma certificação pública?) e apoiar sociedades que atendem a padrões rigorosos de atuação social e ambiental... A *B-Lab* elabora um estatuto modelo e insta os poderes legislativos estaduais americanos a adotá-lo – os estatutos, depois adotados por grande parte dos Estados Americanos, partilham o objetivo comum de criar um veículo de empreendimento social, que há de estar entre uma *for-profit corporation* e uma *non-profit corporation.* O seu objetivo principal é, portanto, evitar e rejeitar a primazia acionista como objetivo exclusivo e único de uma *corporation* – pretende-se promover e destacar o valor social sobre o lucro. Vide WILLIAM H. CLARK, JR., DRINKER BIDDLE & REATH LLP; LARRY VRANKA, CANONCHET GROUP LLC, *The Need and Rationale for The Benefit Corporation: Why is it the legal form that best addresses the needs of social entrepreneur's investors, and, ultimately, the public,* 2013, pp. 5 e 6. Ainda: JILL E. FISCH; STEVEN DAVIDOFF SOLOMON, *The "value" of a public benefit corporation* in ELIZABETH POLIMAN, ROBERT B. THOMPSON (EDS.), *Research Handbook on Corporate Purpose and Personhood,* Edward Elgar Publishing, Inc., Massachusetts, 2021, pp. 68 e ss. Disponível em: https://doi.org/10.4337/9781789902914.00011

há de estabelecer o objetivo de criar um impacto positivo na sociedade e no meio ambiente, ampliar os deveres fiduciários dos administradores e gerentes, de modo a que estes considerem interesses não lucrativos e relatar este desempenho social e ambiental, que será avaliado de acordo com padrões rigorosos.[79]

Parece que à *Revolução Stakeholder* impactará que sociedades cotadas, de capitais dispersos (sobretudo), adotem esta forma, já que as restantes (pensar-se-á) terão um propósito social identificado. Aqui parece residir a génese da coisa – na definição do tal *purpose* social que há de ser prosseguido a par do lucro.[80]

Esta figura não é tradicional em ordenamentos jurídicos latinos, mas tem havido alguma tentativa de a estabelecer na Europa. A referência europeia é a *Società benefit* italiana (que para além desta figura prevê a *empresa social*), consagrada em 2016. O §376 do art. 1.º da Legge 28 dicembre 2015, n.º 208[81] define-a como a sociedade que no exercício de uma atividade económica prossegue o fim lucrativo e uma ou mais finalidades de benefício comum e atua de forma responsável e transparente. Com efeito, o fim de benefício comum, cuja prossecução carateriza a *Società benefit*, tem que ser indicado no contrato de sociedade (pelos sócios, claro está – há aqui manifestações da primazia acionista, não porque eles vão ganhar mais, mas porque eles constituíram a sociedade), a par do fim lucrativo.[82]

[79] William H. Clark, Jr., Drinker Biddle & Reath LLP; Larry Vranka, Canonchet Group LLC, ob. cit., p 15.

[80] Jill E. Fisch; Steven Davidoff Solomon, *ob. cit.*, pp. 78 e ss. Esta definição parece ser controversa. Geralmente a legislação estadual americana, relativa às *benefit corporations*, oferece listas não exaustivas de fins de interesse público que a sociedade escolhe. William H. Clark, Jr., Drinker Biddle & Reath LLP; Larry Vranka, Canonchet Group LLC, ob. cit., p. 17.

[81] Disponível em: https://www.gazzettaufficiale.it/eli/id/2015/12/30/15G00222/sg

[82] A doutrina italiana relaciona, bem, o problema da *Società benefit* com o escopo lucrativo do art. 2247.º do Codice Civile (em Itália o fim da sociedade é, em geral, o lucro), evidenciando uma evolução legislativa, influenciada por outras legislações europeias – nomeadamente a francesa e a alemã, que consagram, vimos já, conceitos amplos de lucro –, na forma como se compreende o fim lucrativo das sociedades. Apesar disto, parece que a figura é aceite e a sua inclusão no âmbito do art. 2247.º não é muito problemática. Sobre isto: Carlo Angelici, *Società Benefit*, Orizzonti del Diritto Commerciale, Anno V, n.º 2, 2017, pp. 1 e ss. Disponível em: http://images.rivistaodc.eu/f/fascicoli/Fasicolo2_2017_UCBUD_ORIZZONTI.pdf

O ordenamento jurídico francês consagra, em 2020, com a Loi Pacte, figura semelhante – a *Société à mission*. Ora, de acordo com o Code du Commerce, uma sociedade pode registar-se como *Société a mission* se os seus estatutos indicarem uma *"raison d'être"* (à luz do art. 1835.º do Código Civil Francês, alterado pela Loi Pacte), se especificarem objetivos sociais e ambientais que a sociedade, no âmbito da sua atividade, se propõe prosseguir e se especificarem procedimentos que garantam a execução de tais objetivos – com a criação de um novo órgão social, uma comissão de missão.[83]

IV. A consagração de figuras societárias como estas tem tanto de bom como de problemático. O ponto positivo é o facto de a agenda da sustentabilidade empresarial parecer começar a entrar no Direito Societário – mesmo que com eficácia duvidosa. Há, no entanto, problemas que se levantam. Como se define o benefício comum, o propósito social, a razão de ser? Esta definição tem de ser feita a nível local ou global? Qual a sua medida? A resposta irá variar, por exemplo, consoante a grandeza da sociedade ou os locais onde opera. E quanto ao cumprimento destes desígnios? Quem o fiscaliza? É interessante a criação de órgãos sociais que garantam a prossecução destes objetivos, mas as sociedades têm empenho nisto? Mais – os sócios estarão empenhados nisto? Ainda: que sanções existem – para lá dos (duvidosos) danos reputacionais impostos pelo mercado – quando estes projetos não são cumpridos? Quem pode exigir o seu cumprimento? Os *stakeholders* têm legitimidade para tal?

Estas zonas cinzentas teriam de ser clarificadas. Corre-se o risco de se querer tudo social, mas de nada ser social. Quer-se tudo sustentável, mas não se garante a sustentabilidade.

O grande problema parece ser o facto de a criação destes mecanismos não impedir as dificuldades que já temos – as *big private corporations* vão continuar a existir e a, provavelmente, impactar negativamente certos

[83] LE PLAY AVOCATS, *Tout Savoir Sur la Raison D'Être*, 2020, pp. 5 e ss. Disponível em: https://leplaylaw.com/wp-content/uploads/2020/04/Tout-Savoir-sur-la-Raison-dÊtre-Avril-2020-Le-Play-avocats-1.pdf

setores sociais, ambientais e económicos, enquanto o *short-termism* ainda imperar. O que podemos ter é uma bolha onde reina a atuação responsável de *benefit corporations* e, depois, temos as demais sociedades que podem atuar como quiserem, sem se preocupar com estes benefícios em comum.... Podemos argumentar ainda que as sociedades, enquanto sujeitos vinculados a uma série de comandos normativos, têm já de atender a interesses de outros sujeitos na prossecução do seu fim.

Parece haver uma tensão entre uma entidade que terá missões sociais, para lá da prossecução do lucro, e uma entidade tradicional que visa o lucro, mas indicando-se que terá de se atender a interesses de *stakeholders*, para lá dos interesses dos *shareholders*, na tomada de decisões relativas à sua atuação e à obtenção de lucros. Antevemos que nem só de lucro pode viver a sociedade. É certo. Contudo, não parece passar pela criação de *"veículos especiais"* – que consagrem outros fins, propósitos, razões de ser (ou semelhantes) – a solução quanto à governação sustentável e de longo prazo de sociedades comerciais.

Não obstante, há pressão exercida por diferentes vozes no sentido de que as sociedades atuem para a sustentabilidade, para a boa governação, para a promoção de fatores ESG – em confluência com os valores do Estado Social, da democracia e da União Europeia. A tónica deve ser colocada, parece, na boa governação – na garantia de boa governação, que há de passar, em parte, por um maior intervencionismo acionista (o que será possível através de mecanismos muito concretos) e pelo cumprimento, por parte dos administradores, de deveres legais específicos e deveres legais gerais, tendo em vista o interesse social, o interesse da sociedade. [84] De resto, cumpre dizer que, entre nós, parece ser possível que, à luz do art. 64.º do CSC, uma sociedade não viva só de lucro (apesar de, uma vez mais, como veremos, questões de *enforcement* se levantarem).

[84] COUTINHO DE ABREU, *Corrupção privada, bom governo, transparência e responsabilidade social das empresas (nótulas interrogativas)* in *Coleção Estudos* (4), Instituto do Conhecimento AB – Estudos Comemorativos dos 20 anos da Abreu Advogados, Almedina, Coimbra, 2015, pp. 389 e ss.

2. Governação de sociedades – escândalos, (des)regulamentação e sustentabilidade

2.1. Os códigos e as leis

I. A filosofia de desregulação – com legislação a eliminar restrições e que é dispositiva, ao invés de imperativa[85] – vivida no final do séc. XIX e no séc. XX, sobretudo, nos EUA levou ao surgimento sociedades comerciais economicamente muito poderosas, que podiam predispor-se livremente à obtenção de proventos financeiros. As sociedades não eram mais rigorosamente reguladas pela legislação estadual americana, que já nada dizia sobre as finalidades que uma *corporation* devia prosseguir e os interesses a que deviam atender. Com efeito, apenas se estabelece a possibilidade de a administração traçar atividades livres de regulamentação estadual e com participação limitadas dos sócios – "*in short, the statutes did not regulate, they enabled*".[86]

As consequências destas políticas são conhecidas e já lhes fomos fazendo referência. A solução? Mais lei não imperativa a que as sociedades podem aderir voluntariamente, que podem cumprir ou não cumprir – códigos recomendatórios, de conduta, de boas práticas...

Assim, nos anos 70 do séc. passado, o já antigo debate sobre *corporate governance* ganha novo fôlego e – obviamente, só com os colapsos empresariais de gigantes como a *Enron*, a *WorldCom* ou a *HelthSouth* – atinge o seu apogeu de forte regulação (com *hard law*) nos anos 2000, principalmente com o lançamento do *Sarbanes-Oxley Act* (2002). A Europa também tem a sua vaga de derrocadas empresariais – *Maxwell*, *Polly Peck International* (em concreto no Reino Unido), *Parmalat*, entre outras – e, claro está, com ela as recomendações e os códigos de conduta e boas práticas.[87]

[85] Coutinho de Abreu, *Estado de direito e Empresa...*, pp. 15 e 16.

[86] Lyman Johnson, *Corporate law and the history of corporate social responsibility* in *Research Handbook on Corporate and Company Law, Edward Elgar Publishing Limited, Massachusetts,* 2018, pp. 579-582. Disponível em: https://www.elgaronline.com/view/edcoll/9781784717650/9781784717650.00031.xml cias destas pollgumas por w and the history of corporate social responsability, 2017,

[87] Lyman Johnson, *ob. cit.*, pp. 587-590; Coutinho de Abreu, *Governação de Sociedades Comerciais...*, pp. 9-14. Para um forte desenvolvimento histórico sobre o(s) movimento(s) de *corpo-*

Estes movimentos trazem, então, mudanças no que diz respeito à governação de sociedades; começa o ímpeto dos textos recomendatórios, sem caráter vinculativo, a que as sociedades podem aderir se quiserem, que não comportam sanções e que, portanto, podem não ser *mais do que pretexto para tudo continuar substancialmente na mesma...*[88]

II. Mas, a boa governação de sociedades não pode, claramente, depender só de *soft law*. As suas fontes hão de ser de diferente natureza, havendo, por um lado, leis em sentido formal e regulamentos (por exemplo, normas de Direito Societário, de Direito dos Valores Mobiliários, e de Direito da Concorrência) e, por outro lado, mecanismos de *soft law*, os tais códigos de boa governação. O que tem de haver é uma complementaridade de fontes.[89]

O que queremos dizer? Em primeiro lugar, que a *corporate governance* é, como indica COUTINHO DE ABREU, um conjunto complexo de *regras – legais, estatutárias, jurisprudenciais, deontológicas –, instrumentos e questões relativas à administração e fiscalização das sociedades*. Depois, que é, como já referimos, em matéria de governação de sociedades que começa o debate sobre a sustentabilidade empresarial, sobre a consideração de interesses de não sócios e sobre a criação de valor a longo prazo para a sociedade. O impacto desde debate deve dar-se em matéria de governação, não deve assentar na criação de veículos especiais e muito menos desvirtuando-se o escopo lucrativo das sociedades que é, entre nós, como dissemos, regra imperativa. Cumpre dizer ainda que quer os mecanismos de *soft law*, quer os mecanismos de *hard law*, têm uma palavra a dizer sobre estas matérias – os deveres legais (específicos e gerais) dos administradores, bem como a sua responsabilização, são matérias reguladas por meio de

rate governance, vide, entre nós: PEDRO MAIA, *Voto e Corporate Governance - Um novo paradigma para a sociedade anónima*. Almedina, Coimbra, 2020, pp. 517 e ss.

[88] COUTINHO DE ABREU, *Governação de Sociedades Comerciais...*, p. 20.

[89] Sobre os códigos recomendatórios, as leis em sentido formal e a relação e importância entre um e outro no direito societário, vide: PAULO CÂMARA, *Códigos de Governo das Sociedades* in AAVV, *Cadernos do Mercado de Valores Mobiliários*, 2002, n.º 15, pp. 65 e ss., *O governo das sociedades e os deveres fiduciários dos administradores* in AAVV, *Jornadas – Sociedades Abertas, Valores Mobiliários e Intermediação Financeira*, Almedina, Coimbra, 2007, pp. 163-179.

hard law em todas as jurisdições dos Estados Membros da União Europeia e também em todas elas o objetivo destes deveres é a proteção e promoção dos interesses da sociedade.[90] Ademais, não há hoje um código de *corporate governance* – já os primeiros o faziam – que não tente pôr um freio às sociedades comerciais no que diz respeito à obtenção de lucros a qualquer custo, que não fale de sustentabilidade empresarial na governação das sociedades, da criação de valor a longo prazo, que não indique que se deve atender aos interesses de longo prazo da sociedade e dos que gravitam à sua volta – os chamados *stakeholders*.

III. Nesta senda, o *UK Corporate Governance Code*, de 2018, refere-se expressamente aos *stakeholders* e ao propósito da sociedade – aliás, este é o primeiro assunto tratado no Código, o que evidencia a importância do debate nos dias que correm. Sobre isto, rege-se que o sucesso de uma sociedade passa por uma administração *eficaz* e *empreendedora*, que devem promover-se os interesses de longo prazo da sociedade, gerar valor para os sócios e contribuir para uma sociedade mais ampla. Depois, deve o *board* definir o *purpose*, os valores da empresa, fomentar, por exemplo, a participação de *shareholders* e de *stakeholders* na tomada de decisões de gestão.

Por França, o atual *Código de Corporate Governance para as empresas cotadas* (2018) indica logo no seu n.º 1.1. que o órgão de administração atua de acordo com a lei, no interesse da sociedade, e que deve promover a criação de valor a longo prazo, considerando interesses sociais e ambientais em todos os aspetos da sua atividade (deve atender-se, por exemplo, aos interesses dos *stakeholders* na definição das remunerações dos administradores – n.º 24.1.2.).[91] No mesmo sentido anda o *Código de Corporate Governance para pequenas e médias empresas*, ao referir que os geren-

[90] European Commission DG Justice and Consumers; EY, *ob. cit.*, p. 32.

[91] AFEP; MEDEF, *Corporate Governance Code of Listed Companies*, 2018, pp. 3 e 20. Disponível em: https://afep.com/en/press-en/afep-and-medef-publish-a-revised-version-of-the-corporate-governance-code/

tes devem sempre atuar tendo em conta o interesse da sociedade e a sua sustentabilidade.[92]

Em Espanha, o *Código de buen gobierno de las sociedades cotizadas* narra que a administração deve, ao administrar, promover o interesse social (II.3, §9) e que sociedade deve promover uma estratégia adequada de sustentabilidade, em matérias ambientais e sociais (II.3, §24); indica-se, por exemplo, que deverão ser criados mecanismos de supervisão de riscos ou canais de comunicação e diálogo com *stakeholders*.[93]

Atente-se, ainda, internacionalmente, nos *Princípios de Corporate Governance das Sociedades da OCDE*, que já em 1999, sem grandes concretizações, abordavam o papel que ocupam os sujeitos que gravitam à volta da sociedade e que nela têm *interesses relevantes*, bem como o seu sucesso a longo prazo.[94] Objeto de revisões posteriores, os hoje designados *Princípios de Governo das Sociedades do G20 e da OCDE* dedicam especial atenção ao sucesso a longo prazo da sociedade e ao papel que os *stakeholders* ocupam nesta meta. O princípio IV – *O papel dos stakeholders no governo das sociedades* – refere-se expressamente ao respeito pelos direitos dos *stakeholders* (uns consagrados na lei, outros em acordos mútuos), à estruturação de meios que devem ser colocados à disposição destes, para que possam atuar em caso de violação de tais direitos, à participação de trabalhadores na vida societária ou ao fornecimento de informações.[95]

Portugal tem, também, a sua vaga de códigos recomendatórios, abordando-se as questões da sustentabilidade, da criação de valor a longo prazo para a sociedade e da consideração de interesses de não sócios – em consonância, de resto, com os códigos internacionais.

Assim, o atual Código de Governo das Sociedades (agora do IPCG, datado de 2018 e revisto em 2020) estabelece um princípio geral, de

[92] MiddleNext, *Governance Code for Small and Midcaps*, 2021, pp. 1 e ss. Disponível em: https://www.fsa.go.jp/en/refer/councils/corporategovernance/reference/france-middlenext.pdf

[93] CNMV, *Código de buen gobierno de las sociedades cotizadas*, 2020, pp. Disponível em: https://www.cnmv.es/DocPortal/Publicaciones/CodigoGov/CBG_2020.pdf

[94] Com uma tradução dos referidos princípios, veja-se: CMVM, *Princípios da OCDE sobre o Governo das Sociedades*, in AAVV, *Cadernos do Mercado de Valores Mobiliários*, n.º 5, 1999, pp. 285 e ss., em especial p. 294.

[95] OCDE, *Princípios de Governo das Sociedades do G20 e da OCDE*, Éditions OCDE, Paris, 2016, pp. 37 e ss. Disponível em: https://doi.org/10.1787/9789264259195-pt

acordo com o qual o *governo societário deve promover e potenciar o desempenho das sociedades, (...) sedimentar a confiança de investidores, trabalhadores e do público em geral na qualidade da administração e da fiscalização e no desenvolvimento sustentado das sociedades.* Para tal, devem ser criados mecanismos que permitam que os acionistas, os investidores, os *stakeholders,* e outros sujeitos interessados, tenham um acesso adequado à informação da sociedade. O Código indica mesmo que um envolvimento dos acionistas no governo das sociedades é um fator positivo para o funcionamento da sociedade e para a realização do seu fim (lucrativo) (princípio II.A.), que a administração executiva deve prosseguir os seus objetivos visando contribuir para o seu desenvolvimento sustentável – nomeadamente com relatórios que indiquem de que modo é que as políticas adotadas visam assegurar o êxito a longo prazo da sociedade e que contributos daí decorrem para a comunidade em geral (princípio IV.A.).[96]

IV. Estes mecanismos de governação societária – os textos recomendatórios – são pioneiros na tentativa de travar políticas danosas para a sociedade, que têm o objetivo de obter vantagens patrimoniais para os associados num muito curto prazo (o *short-termism*). Mas, os textos recomendatórios são somente recomendatórios. A sua funcionalidade e adoção pelas sociedades depende de uma série de fatores – tais como a *influência de quem os aprova*, o seu *conteúdo* e o tempo em que vigoram – e nem todas os acolhem; os códigos são de adesão voluntária e desprovidos de sanção (o *risco reputacional* ou a *concorrência no mercado* podem ser ineficazes para fazer com que as sociedades adotem estas práticas).[97]

Assim, o grau de regulação e de exigência tem de aumentar e o bom governo das sociedades (também o combate ao *short-termism*) atravessa o cumprimento de deveres legais por parte de quem efetivamente e de

[96] CMVM, *Recomendações da CMVM sobre o Governo das Sociedades Cotadas*, 1999. Disponível em: https://www.cmvm.pt/pt/Legislacao/Legislacaonacional/CódGoverno%20das%20Sociedades/AnexosGovSoc/Pages/99_indice.aspx e IPCG, *Código de Governo das Sociedades, 2018 revisto em 2020*, 2020, Lisboa. Disponível em: https:/cam.cgov.pt/images/ficheiros/2020/revisao_codigo_pt_2018_ebook-05.11.2020.pdf

[97] Paulo Câmara, *Códigos de Governo das Sociedades* in AAVV, *Cadernos do Mercado de Valores Mobiliários*, 2002, n.º 15, em especial pp. 77 e 78 e pp. 83 e 84.

facto governa – com efeito, administradores e gerentes começam a estar vinculados à proteção e promoção do interesse da sociedade, o interesse social, por meio de deveres legais específicos e deveres legais gerais. Se os não cumprirem e se desse incumprimento resultarem danos para a sociedade, os administradores são perante ela responsáveis (civilmente).[98] "Obriga-se", então, os administradores a atender aos interesses de longo prazo dos sócios, a interesses que não os dos *shareholders* e, por arrasto, à sustentabilidade da sociedade a longo prazo – com o risco (ou falta dele) de responsabilização se os não considerarem.

Nesta perspetiva legal, já o dissemos, os deveres dos administradores – e a sua responsabilização –, influenciados por vozes transatlânticas, estão consagrados em todos os ordenamentos jurídicos dos Estados-Membros da UE. Esta força influenciadora é, sobretudo, anglo-saxónica – em parte dos Princípios de Corporate Governance do ALI (1992), que estabelecem um *duty of care* (dever de diligência) e um *duty of loyalty* ou *duty of fair dealing* (dever de lealdade)[99], e do Companies Act do Reino Unido, que hoje impõe na sec. 172 uma série de deveres aos administradores, nomeadamente um *duty to promote the success of the company* (que há de ter em conta, por exemplo, interesses de longo prazo e interesses de trabalhadores) e um *duty to exercise reasonable care, skill and diligence.*

[98] Coutinho de Abreu, *Corrupção privada...*, pp. 389 e 390, *Responsabilidade Civil dos Administradores de Sociedades*, IDET, Cadernos, N.º 5, 2.ª ed., Almedina, Coimbra, 2010, pp. 12 e ss., Paulo Câmara, *O governo das sociedades e os deveres fiduciários dos administradores* in AAVV, *Jornadas – Sociedades Abertas, Valores Mobiliários e Intermediação Financeira*, Almedina, Coimbra, 2007, pp. 163-179.

[99] Sobre o dever de lealdade rege-se, na Parte IV dos Princípios, que um *director* tem de exercer as suas funções de boa fé, no melhor interesse da sociedade, e com o cuidado que uma pessoa normalmente prudente teria em posições semelhantes. O dever de lealdade, na Parte V dos Princípios, implica que se atue de forma correta, no interesse da sociedade, nomeadamente quando estiverem em jogo interesses pessoais dos administradores. Sobre estes deveres, nos Estados Unidos da América, vide: Melvin Aron Eisenberg, ob. cit. pp. 1280-1288; Norwood P. Beveridge Jr., *The Corporate Director's Fiduciary Duty o Loyalty: Understanding the Self-Interested Director Transaction*, 1992, 41, DePaul L. Rev. 655. Disponível em: https://core.ac.uk/reader/232967410; Filipe Barreiros, *Responsabilidade Civil dos Administradores: os Deveres Gerais e a Corporate Governance*, Wolters Kluwer Portugal, Coimbra Editora, Coimbra, 2010, pp.38- 43.

Depois, veja-se, a título exemplificativo, que em Espanha a Ley de Sociedades de Capital, alterada pela Ley 31/2014, de 3 de dezembro, rege no seu art. 227.º que "*Los administradores deberán desempeñar el cargo con la lealtad de un fiel representante, obrando de buena fe y en el mejor interés de la sociedad.*"[100]

Entre nós, a prova desta consagração legal reside no art. 64.º do CSC. Antes da reforma de 2006, o normativo aludia já, ainda que comedidamente, ao interesse da sociedade, indicando-se que este devia ser o norte da atuação da administração. Este parece, na altura, concretizar-se somente nos interesses dos sócios e dos trabalhadores – a norma regia que a administração devia atuar com a *diligência de um gestor criterioso e ordenado, no interesse da sociedade, tendo em conta os interesses dos sócios e dos trabalhadores* e era demasiado breve.

Hoje, por força da reforma de 2006 do CSC, a norma reforça a ideia, na sua al. b), de que se deve atender ao *interesse da sociedade, aos interesses de longo prazo dos sócios* e a *interesses de outros sujeitos relevantes para a sustentabilidade da sociedade* – nomeadamente de trabalhadores, clientes e credores.

V. As normas para a governação sustentável parecem existir – seja por via de *soft law*, seja por via de *hard law*, elas não faltam. Até existem normas para que se responsabilize quem governa e não atenda a estes desígnios. Portanto, permite-se que as sociedades afetem recursos a interesses de não sócios; parece existir – como, oportunamente, exploraremos –

pelo menos no Direito positivo português, um dever de prosseguir os interesses da sustentabilidade, de contribuir ativamente para a sustentabilidade do meio onde a sociedade se insere, de ter em atenção trabalhadores, clientes, credores e outros. Mais: parece existir esclarecimentos quanto à implementação destes mecanismos em vários códigos de governo societários. Será só aparência?

[100] Para mais desenvolvimentos sobre o dever de lealdade e o interesse social em Espanha (numa análise comparativa com Portugal) vide: Fernando Carbajo Cascón, *Deber de lealtad de los socios y conflictos de intereses con la sociedad* in AAVV, *Diálogos com Coutinho de Abreu: Estudos Oferecidos no Aniversário do Professor*, Almedina, Coimbra, 2020, pp. 251 e ss.

2.2. A relação-tensão entre sócios e administradores

I. A *corporate governance*, aliada das sociedades anónimas[101] (principalmente, das sociedades anónimas de capital aberto, disperso e cotadas em bolsa) anuncia outro problema que havia que resolver e que culmina nos escândalos já enunciados.

Ora, as organizações, mormente as sociedades comerciais, hão de ser, como sabemos, dotadas de órgãos que as representem, que exerçam a sua atividade, que prossigam o seu fim lucrativo.[102] O debate sobre o papel de cada um destes órgãos é quase tão antigo quanto a própria sociedade (anónima), mas também ele ganha novo fôlego com os movimentos de *corporate governance*.

Com efeito, houve uma tendência clara de modificação no *esquema organizatório das sociedades de capitais*. Os poderes da gestão da sociedade deixam gradativamente de estar do lado dos sócios e passam a concentrar-se em administradores – a apatia de certos sócios em relação à vida social, a pouca participação de alguns em assembleias gerais (sobretudo nos EUA)[103] e a dispersão do capital social fazem com que o ideário democrático, que se tinha tentado difundir até então, deixe de vigorar.[104] As matérias de gestão terão, portanto, de estabilizar-se num único órgão especializado, o órgão de administração.

O que temos? Administradores que serão meros mandatários da vontade dos sócios. Preconiza-se, assim, sobretudo nas *sociedades abertas*, a separação do controlo/ gestão da sociedade – levados a cabo por adminis-

[101] Apesar da clara relevância, e até necessidade, noutros tipos societários.

[102] Ricardo Costa, *O Sócio Gestor. A Administração da Sociedade PME e o Sócio Gestor. Sócios como Administradores de Facto das "suas" Sociedades*, Almedina, Coimbra, 2018, p. 9.

[103] Muitas vezes, os sócios com participações pequenas preferem desertar, vendendo a sua participação, ao invés de intervir se a sociedade não se encontra de boa saúde. Coutinho de Abreu, *Governação das Sociedades.*, p. 15. Ana Perestrelo de Oliveira carateriza o pequeno investidor como sendo tipicamente passivo e sem interesse em fazer-se representar nas assembleias gerais, devido aos custos que isso possa para si implicar. Ou seja, em caso de atritos e problemas *muda-se de sociedade e não se muda a sociedade*, Ana Perestrelo de Oliveira, *Manual de Governo das Sociedades...*, pp. 63 e 65. Falamos, portanto, do fenómeno da *"apatia racional"*.

[104] Veja-se que, por exemplo, em casos de OPA não há garantia de que o oferente tenha o conhecimento, a experiência e o compromisso necessários para administrar uma sociedade que pode ser de grande dimensão.

tradores –, da sua propriedade – cujo domínio pertence aos sócios/ acionistas.[105] Ou seja, a direção da sociedade cabe a quem nela não investiu o capital, clama-se que ela seja dirigida por profissionais; emerge, muito naturalmente, um grupo focado na estratégia empresarial, um órgão que implementa essa estratégia sob a sua própria responsabilidade. Agora, para que os administradores exerçam essas funções é necessário que lhes seja conferido um conjunto de poderes – nuns casos essa delegação é feita pela lei, noutros casos pelos estatutos da sociedade.[106]

Esta gestão profissionalizada é, atualmente, um dado adquirido e é mais latente nos ordenamentos jurídicos anglo-americanos, cuja realidade é de grande dispersão do capital, ao contrário do que acontece na Europa Continental, em que aquele se encontra mais comumente concentrado num certo número de acionistas.[107] Diga-se, na sociedade anónima da Europa Continental os sócios apresentam mais poderes no que diz respeito ao controlo da sociedade, da administração, por haver maior concentração do capital – aqui, dizem, também há problemas (de agência? Duvida-se).

Temos, em suma, competências distintas que se repartem por órgãos distintos – e em que praticamente nenhum órgão prevalece sobre o outro.

II. Começa a *financeira* teoria da agência a entrar nas análises de *corporate governance*. Esta relação é típica de conceções contratualistas da sociedade, que propugnam que ela assenta numa rede de contratos – a (económica) teoria da agência reflete o pensamento económico liberal, de livre mercado; no entanto, note-se, não é necessário aderir a tal conceção

[105] Pelo menos assim tentam os Códigos estabelecer, apesar de na prática, como sabemos, os acionistas de controlo influenciarem os administradores e de, em última instância, a assembleia geral poder demiti-los. Coutinho de Abreu, *ob. cit.*, pp. 14-17. Este corte de competências pode ser aparente – alerta, no mesmo sentido, Ricardo Costa, *ob. cit.*, pp. 13-16, ao dizer que sócios podem designar e destituir administradores e que os últimos sofrem em relação aos primeiros (*nomeadores, maioritários, controladores*) uma *subordinação mitigada*. Podemos ter a classe dos *managers* ligada por um cordão umbilical ao sócio controlador, que, confidencialmente, marca a estratégia empresarial a ser adotada pela administração.

[106] Paul L. Davies, *ob. cit.*, pp. 377 e 378.

[107] Paulo Olavo Cunha, *ob. cit.*, pp. 124 e 125.

jurídica de sociedade para que se assimilem os problemas económicos que a relação (contratual) de agência suscita.[108]

Mas, uma vez que a riqueza de um sujeito (do sócio, o principal) depende da atuação de outrem (do administrador, o agente), podemos ter problemas (comumente denominados por *custos de agência*), já que os administradores podem atuar de acordo com os seus interesses, na tentativa de obter para si benefícios, mesmo que estejam vinculados aos interesses dos sócios e da sociedade. Facilmente se depreende que, apesar da performance da sociedade ser melhor com esta gestão profissionalizada, este corte, pelo menos aparente, esta discricionariedade para administrar, pode levantar obstáculos na relação que se estabelece entre administradores e sócios – os administradores podem ser tentados a condicionar a gestão da sociedade aos seus interesses e não ao interesse, objeto e fim sociais.[109] Assim, a teoria procura diminuir os tais custos de agência, os problemas decorrentes da relação de agência.

Para isto há uma série de mecanismos internos e mecanismos externos de controlo da administração, consagrados, desde logo, na lei. Entre o controlo externo temos o próprio mercado e as suas reações – nomeadamente com a desvalorização de ações, que sendo consequência da atuação dos administradores leva à sua destituição. Depois, ao nível do dito controlo interno temos o órgão fiscalizador das sociedades; mas, mais: a designação de administradores por minorias (art. 392.º do CSC), o direito à informação (art. 291.º) e, claro está, o instituto da responsabi-

[108] Os problemas económicos decorrentes da administração da sociedade por não sócios existirão sempre, uma vez que eles emergem deste corte de competências e não de uma conceção contratualista de sociedade. PEDRO MAIA, *Voto e Corporate Governance*... pp. 561 e ss. Apesar disto, existem manifestações deste contratualismo – quanto mais não seja por imprecisões terminológicas que, entendemos, serem claras.

[109] Por força de uma dispersão do capital temos uma maior abstenção dos acionistas que não têm interesse, tempo e disponibilidade para intervir na vida societária; com a gestão a ser levada a cabo pelos administradores e sem fiscalização dos sócios, rapidamente notamos que podem surgir problemas, portanto, com os administradores a atuar em seu proveito. Para um maior desenvolvimento sobre os problemas de agência, vide a obra citada de PEDRO MAIA e, ainda, JOSÉ FERREIRA GOMES, *Da Administração à Fiscalização das Sociedades – A Obrigação de Vigilância dos Órgãos da Sociedade Anónima*, Almedina, Coimbra, 2015, pp.31 e ss.

lidade civil dos administradores (que talvez seja o mecanismo de maior efetividade).[110]

III. Há, depois, um outro tipo de problema (que alguma doutrina indica ser uma segunda vertente da relação de agência) – dissemos que a tensão entre administradores e sócios é maior em sociedades de capital disperso, que não é tão latente em ordenamentos jurídicos caraterizados por sociedades de capital concentrado, com sócios controladores, mas que aqui há, também, problemas. É verdade – mas os conflitos serão outros.

O que temos é um conflito entre sócios, uns controladores, *controlling shareholders* (da administração), e outros fora do controlo, *outsider investors*. Temos, assim, um choque entre os que acedem à administração, por controlarem a sociedade (que serão os agentes?) e, por outro lado, os restantes sócios, minoritários (os principais?).[111]

PEDRO MAIA qualifica este conflito como sendo, também, um problema de agência[112] – sendo que estes não pressupõem a disseminação do capital. Basta que não se reúna na mesma pessoa a posição de sócio único e, também, de administrador único – o que sucede nos casos de sociedades de capitais concentrados e de capitais dispersos, já que em ambas as situações a riqueza de um é colocada nas mãos de outro. No entanto, alerta, o problema de agência será diferente consoante a realidade seja de dispersão ou concentração do capital e quem uniformiza o problema em duas vertentes, mudando apenas a realidade dos sujeitos que dele fazem parte, incorre em erro.[113]

[110] ANTÓNIO PEREIRA DE ALMEIDA, *Os Administradores Independentes* in AAVV, *Jornadas em Homenagem ao Professor Doutor. Raúl Ventura. A Reforma do Código das Sociedades Comerciais*, Almedina, Coimbra, 2007, pp. 156-160.

[111] Para mais desenvolvimentos: PEDRO MAIA, *ob. cit.*, pp. 583 e 583 e JOSÉ FERREIRA GOMES, *ob. cit.*, pp. 54 e ss.

[112] No mesmo sentido, vide a obra citada de JOSÉ FERREIRA GOMES, pp. 54 e ss.

[113] O Autor indica que os conflitos, aqui, serão menores, já que todos os sócios comungam do mesmo interesse – o da obtenção de lucros. Ainda assim podem aparecer conflitos que condicionam a vida da sociedade. Com efeito, a possibilidade de apropriação de vantagens pelos maioritários é tanto maior quanto menor a participação que lhes confere o controlo... Por sua

Estamos no campo dos conflitos horizontais, dos conflitos entre principais – entre sujeitos que assumem a mesma qualidade (de sócios). Ainda que se diga que existe agência – seja ela de que fonte for – quando a riqueza de um é colocada nas mãos de outro (leia-se: quando um maioritário, ao aceder à administração, com a sua designação, destituição e controlo, domina o capital de um minoritário), parece-nos impreciso dizer-se que os minoritários são principais e que os controladores são agentes.

IV. O discurso agencialista parece ser adotado acriticamente pelo discurso jurídico, o que dá azo a imprecisões (manifestações do contratualismo) – os administradores não serão agentes dos sócios, mas da sociedade; os minoritários são, antes de tudo, sócios e não delegam deliberadamente poderes aos maioritários; a doutrina jurídico-societária sempre analisou diversos conflitos de interesses – veja-se o conflito entre os minoritários e a sociedade, a que já nos referimos – e nunca os apelidou de problemas de agência...[114]

Este conflito decorre da *separação da propriedade da propriedade* – tal como o conflito entre minoritários que potencia o *short-termism* e traz consequências danosas à sociedade. É um conflito entre duas classes de principais e também ele coloca em causa a sustentabilidade da sociedade a longo prazo. Pareceram-nos necessárias estas notas. Prossigamos.

2.3. O papel dos sócios e dos administradores na direção (sustentável) da sociedade

I. As narrativas sobre a sustentabilidade a longo prazo da sociedade obrigam a (re)pensar o papel de sócios e administradores na gestão societária. Independentemente da pressão acionista que pode existir sobre o órgão de administração – repare-se que os administradores têm o poder-dever de recusar e filtrar essas pressões –, é a este último que cabe o papel de gerir a sociedade. O administrador está comprometido, na medida da sua capacidade e sob ameaça da sua responsabilização, com a criação de valor

vez, entre acionistas e administradores há interesses substancialmente muito diferentes, eles não têm objetivos comuns. PEDRO MAIA, *ob. cit.*, pp. 587 e ss.

[114] COUTINHO DE ABREU, *Estado de direito...* pp.17 e 18.

para a sociedade, em contribuir para a sua sustentabilidade. O governo (sustentável) da sociedade cabe ao órgão de administração.[115]

Se a governação cabe, em primeira linha, ao órgão de administração, há que questionar – como de deve a administração dirigir? Em nome de quem? Que interesses, e de que interessados, devem os administradores de uma sociedade prosseguir, aquando da sua atuação? Parece haver interesses de não sócios em jogo, que terão de ser considerados por estes sujeitos, atendendo às leis imperativas e às leis não imperativas. O combate aos problemas a que nos temos vindo a referir há de passar, desde logo, pelo órgão de administração – tendo em conta os deveres a que estes estão vinculados. Se esse combate se faz através de uma extensão dos deveres fiduciários dos administradores, de um maior controlo da sua atuação ou da presença de vozes de *stakeholders* no órgão de administração, é algo que veremos.

A relação entre a atuação dos administradores e a boa governação (ou falta dela) das sociedades comerciais é clara – os deveres fiduciários e o interesse social a que estes estão vinculados são interpretados de maneira a maximizar a criação de valor para os sócios no curto prazo; o mesmo vale para as (não desejáveis) pressões exercidas pelos investidores sobre a administração. Para além disto, a estratégia da administração quanto à sustentabilidade a longo prazo da sociedade é deficitária, a composição do órgão de administração não tem sido um veículo suporte da sustentabilidade e as remunerações dos administradores parecem tão só incentivá-los a, mais uma vez, focar-se na criação de valor a longo prazo para os sócios. Não esqueçamos as questões de *enforcement* que se colocam nesta matéria.[116]

I. O facto de a gestão caber ao órgão de administração não quer dizer, pelo menos imediatamente[117], que os sócios não acreditem na sociedade, não se interessem por esta e não intervenham em matéria de governação; aliás, eles têm, também, alguns poderes de administração previstos,

[115] Ricardo Costa, *ob. cit.*, pp. 18 e 19.

[116] Oportunamente desenvolveremos estes problemas. European Commission DG Justice and Consumers; EY, *ob. cit.*, pp. 130 e ss.

[117] *Supra* p. 45, nota 135.

nomeadamente, no nosso CSC – desde logo, em matéria de designação e destituição de administradores (arts. 391.º e 403.º do CSC).[118] Realce-se, também, a importância do art. 373.º/2 e 3 – acompanhamos a interpretação no sentido de o n.º 3 ser imperativo tão só relativamente às sociedades com estrutura orgânica de tipo germânico (art. 278.º/3)[119], ou seja, que nada impede os estatutos de atribuir competências à assembleia geral em matéria de administração (o que se coaduna também com o art. 405.º). Agora, há o limite de não se poder alterar tanto a relação de competências com o intuito de converter a assembleia geral no órgão de administração – quem administra é o órgão de administração, podendo a assembleia intervir em certos casos (mas, ela não pode ser o órgão de administração e a cláusula que o preveja é nula).

Não se vê problema na colaboração dos sócios com os administradores em certos assuntos da gestão empresarial – muito pelo contrário –, com o limite que especificámos. Este debate ganha, aliás, nova centralidade nos dias que correm; com efeito, muito se fala de combater o *short-termism* com, obviamente, uma maior atribuição de poderes aos sócios no que concerne à governação da sociedade.

Parece existir um desejo de *recrudescer oficialmente a importância dos sócios* – nomeadamente na União Europeia, que emite uma série de Diretivas que tentam fomentar o envolvimento dos sócios a longo prazo –, no sentido de que estes possam *orientar prescritivamente ou sob autorização prévia a gestão da empresa social.* O reforço dos poderes dos titulares do capital será necessário? A *corporate governance* enfrenta, hodiernamente, o desafio de chamar os sócios à gestão da sociedade, para que esta seja otimizada. São eles que têm interesse na criação de valor, na obtenção de lucros.[120]

Mas, temos que questionar – se os administradores buscam a maximização do lucro no curto prazo, que farão os sócios, os principais interes-

[118] COUTINHO DE ABREU, *Governação de Sociedades....* pp. 42 e 43. Aliás, entre nós, vários Autores têm já, também, levantado a questão da nova centralidade dos sócios na gestão societária, nomeadamente através dos direitos de voto nas sociedades anónimas. Também nós lá chegaremos, em matéria de governação sustentável. Veja-se: ANA PERESTRELO DE OLIVEIRA, *Manual de Governo das Sociedades*, p. 49 e ss., EDUARDO SÁRAGGA LEAL, *O poder de gestão dos acionistas nas sociedades anónimas*, DSR, Ano 5, vol. 9, 2013.

[119] COUTINHO DE ABREU, *ob. cit.* pp. 49-55.

[120] RICARDO COSTA, *ob. cit.*, pp. 19 e 20.

sados nessa busca? Aliás, não é esta a génese dos mercados de capitais? O objetivo dos aforradores é a valorização das ações que adquiriram para que, posteriormente, as vendam e desertem... Eles terão interesse em participar da vida societária? Buscarão eles examinar a agenda da administração para a controlar e sobre ela tomar decisões? Teremos que verificar se um maior envolvimento acionista na governação fará com que os desígnios da sustentabilidade a longo prazo da sociedade, dos fatores ESG e da responsabilidade social serão cumpridos. E de que maneira deve a intervenção acionista ser feita?[121]

Com efeito, e no intuito de encontrar o ponto de equilíbrio da relação dos sócios com os administradores, alguns autores colocam a tónica na cooperação e comunicação entre estes dois órgãos, como forma de promover uma maior intervenção dos sócios na vida societária, talvez até com maiores potencialidades que a intervenção através do voto.[122]

II. O que queremos dizer é que é dever dos administradores, ao atuar de acordo com o interesse social, prosseguir o lucro (não esqueçamos que este é o fim da sociedade). O que há de ser ponderado é a maneira como este desígnio é prosseguido – há interesses distintos a ter em conta e a empresa social há de ser agora uma organização de fatores produtivos que zela e responde pelas reivindicações daqueles com quem interage. Depois, a visão dos *stakeholders* tem que estar presente no conselho de administração, eles têm que ter voz e poder. Também o papel da supervisão e dos órgãos de fiscalização das sociedades há de ter de ser repensado – o escrutínio tem que existir, possivelmente reforçando-se os seus poderes e a sua responsabilidade. Por fim, é inegável a necessidade de trazer os sócios à discussão, de fomentar a sua participação, seja em assembleia, através do voto, seja de outra forma.

A pressão do ESG surge de todos os lados – dos reguladores aos investidores, passando pelos governos e pelos ativistas (climáticos e não só). Pense-se, por exemplo, em práticas de planeamento fiscal abusivo ou de corrupção. Estes temas deixam, no séc. XXI, de ser tolerados e são alvo de grande crítica e condenação, desde logo pela opinião pública – nos dias

[121] Coutinho de Abreu, *Estado de direito...* pp. 22-24.

[122] Ana Perestrelo de Oliveira, *ob. cit.*, pp. 204 e 205.

que correm ninguém quer estar associado a condutas danosas quer para a sociedade, quer para a comunidade. Os fatores ESG hão de ser, assim, elementos a integrar a gestão empresarial, a governação da sociedade, nomeadamente por meio dos deveres dos administradores, pensando nos *interesses de longo prazo dos sócios* e nos *interesses dos outros sujeitos relevantes para a sustentabilidade da sociedade.*

Capítulo II
Interesse social e atividade social

1. Narrativas sobre a (in)definição do interesse social

1.1. Entre sócios e outros interessados

I. A sociedade comercial, um sujeito que opera no tráfico jurídico – através dos seus órgãos –, tem personalidade jurídica, tem fim lucrativo e há de ter interesses. Há um interesse que há de ser social, que há de nortear a prossecução do lucro e vincular aqueles que a conduzem, mormente os administradores. Impõe-se, assim, que nas tarefas de gestão se atue tendo em conta o interesse social, que os administradores administrem tendo em vista o interesse da sociedade, seja ele qual for.

O que é este interesse social e a quem é que ele se reporta? Se é um dado que quem gere é a administração, que interesses sociais estão os administradores obrigados a satisfazer aquando da sua atuação? A conceção daquilo que será o interesse social é um *tormento* – é difícil precisar os interesses da sociedade, hierarquizá-los, diferenciá-los dos interesses dos sócios e dos interesses de outros sujeitos. É árduo não confundir o interesse social com o fim da sociedade.

Aquilo que se entende por interesse social depende daquilo que se entende sobre a *corporate governance* e a sua função – estes fatores farão com que o comportamento das sociedades seja diferente em função de regras sociais de conduta e dos valores culturais vigentes em cada ordenamento jurídico, sendo que nuns sistemas o interesse social tenderá a ser um e em famílias jurídicas distintas tenderá a ser outro. Esta pluralidade torna complicada a uniformização e a harmonização de leis (nomeadamente europeias) relativas aos deveres dos administradores.[123] Parece ser, também, papel das regras de *corporate governance* definir claramente aquilo que será o interesse social, que vincula, desde logo, os administradores. No cerne da definição deste interesse está o choque entre o contratualismo e o institucionalismo, entre o *shareholder value* e o *stakeholder value*, entre o monismo, o dualismo e o pluralismo, numa discussão que tem a sua génese nos anos 30, na Escola Americana – Adolf Berle e Merrick Dodd assumem posições antagónicas, com o primeiro a subscrever a *shareholder primacy* e o segundo a defender a *stakeholder value*.

II. As teorias contratualistas, na senda da *shareholder value principle*[124], propugnam que a sociedade deve ser dirigida de modo a maximizar os interesses dos sócios, em detrimento de outros; o interesse social será, neste caso, a maximização do valor de mercado da sociedade, a criação de valor para os sócios. Interesse social e interesse (comum) dos sócios coincidirão – importa aumentar os rendimentos da sociedade, os dividendos e o preço das ações, de modo a que os sócios enriqueçam. A conceção da *shareholder value* parte da premissa de que os sócios são os proprietários da empresa social, estando os administradores ao seu serviço e que, portanto, o seu objetivo só pode ser o de satisfazer os interesses lucrativos daqueles.[125] Stephen Bainbridge divide a teoria em duas partes – indica que o objetivo da sociedade deve ser a maximização da riqueza dos sócios *(1)* e que estes devem ter o controlo final da sociedade *(2)*.[126] Outros indicam que a *shareholder value* se baseia no facto de os preços das ações, determinados pelo mercado, serem o barómetro da gestão societária *(1)*,

[123] Pedro J. Magalhães, *Governo Societário e a Sustentabilidade da Empresa. Stakeholders Model Vs. Shareholders Model*, Almedina, Coimbra, 2019, p. 49 e Catarina Serra, *Entre corporate governance e corporate responsibility: deveres fiduciários e "interesse social iluminado"*, in AAVV, *I Congresso Direito das Sociedades em Revista*, Almedina, Coimbra, 2011, pp. 215 e 216.

[124] Andrew Keay, *Tackling the Issue of the Corporate Objective: An Analysis of the United Kingdom's "Enlightened Shareholder Value Approach"*, Sydney Law Review, Vol. 29, N.º 4, 2007, pp. 580 e 581. Disponível em: https://www.researchgate.net/publication/265108593

[125] Andrew Keay, *ob. cit.*, p. 582.

[126] Andrew Keay, *Shareholder Primacy in Corporate Law: Can it Survive? Should it Survive?* ECFL, Vol. 17, N.º 3, 2010, pp. 6 e 7. Disponível em: https://ssrn.com/abstract=1498065

rejeitando-se o papel do direito e das políticas públicas na governação societária (2).[127]

Assim, partindo da premissa de que a sociedade é uma rede de contratos, os sócios são a única voz na formação da vontade social – nomeiam e destituem os órgãos sociais (administração e fiscalização), tomam as decisões principais, etc. O interesse social é, portanto, interesse comum dos sócios – os sócios terão, claro está, interesses pessoais, que não têm que ver com a sociedade, e não é com esses que o interesse social se liga. Ele identifica-se, sim, com a *comunidade de interesses dos sócios*. Essa comunhão de interesses há de, também, estar conectada com o intuito, pelo menos formal, da obtenção de lucros – mesmo que haja outros interesses em comum.[128]

Agora, há situações em que este interesse comum dos sócios, ligado ao escopo lucrativo da sociedade, não existe, ou é colocado em confronto. Antevendo que um interesse (social) é uma relação entre um sujeito (o sócio), que tem necessidades (a obtenção de lucros), e o bem apto a satisfazer essas necessidades (bem esse que é determinado em cada deliberação social), facilmente se percebe que podemos ter vários interesses sociais em confronto. Numa determinada deliberação um sócio julga que o meio apto à arrecadação de lucros é um e outro sócio julga que é outro. Cabe à maioria decidir o interesse social em concreto, o que não é dizer que interesse social e interesse da maioria são coincidentes – não são.[129]

A *shareholder value theory* torna-se uma norma económica e social poderosa, que faz com que os administradores tomem decisões que favorecem a obtenção de lucros pelos acionistas no curto prazo.[130] Esta teoria cons-

[127] P.M. VASUDEV, *Beyond Shareholder Value. A Framework for Stakeholder Governance. Corporations, Globalisation and the Law series*, Edward Elgar Publishing, Inc., Massachusetts, 2021, pp. 9 e ss. Disponível em: https://doi.org/10.4337/9781800375772

[128] Os sócios terão, por exemplo, o interesse comum de criar a sociedade, mas esse interesse não será social por não se ligar à *causa comum do ato constituinte da sociedade* – o escopo lucrativo.

[129] COUTINHO DE ABREU, *Curso de Direito Comercial...*, pp. 280-282 e PEDRO J. MAGALHÃES, *ob. cit.*, p. 31.

[130] Nos EUA, *shareholder value* e *shareholder primacy* serão expressões mais ou menos sinónimas – digo, a teoria foi desenvolvida ao ponto de se considerar que os administradores devem administrar de modo a incrementar a riqueza dos acionistas o mais possível. Parece, então, que em caso de atritos entre interesses de sócios e interesses de não sócios, os administra-

titui um princípio jurídico consolidado em muitas jurisdições, sobretudo de *common law* – é reiteradamente estabelecida pelos tribunais a regra de que os administradores têm de agir no interesse da sociedade, e que esse interesse há de ser a maximização do lucro do grupo de acionistas (mesmo que essa regra não conste da lei – e não consta), algo que parece mais forte que a mera criação de valor a longo prazo para os sócios. A jurisprudência americana afirma comumente que "a *business corporation is organized and carried on primarily for the profit of the stockholders. The powers of the directors are to be employed for that end*".[131]

Uma vez que os contratualistas colocam a tónica, logicamente, nas relações contratuais que existem entre as pessoas envolvidas na sociedade – entende-se que a que sociedade não é mais que uma série de relações complexas e consensuais baseadas em contratos (expressos ou tácitos) –, a primazia acionista constituir-se-á como a preocupação primordial do contrato de sociedade. Se os sócios celebraram o contrato, são proprietários da sociedade e ela deve ser gerida em seu benefício. Este é um dos principais argumentos em favor da tese contratualista. Para além disto, e levando em linha de consideração a teoria da agência, dir-se-á que os administradores são agentes dos sócios e que a primazia acionista

dores devem procurar apenas tomar medidas que beneficiem os primeiros e que para eles produzam riqueza. Chega a afirmar-se que os administradores podem fazer qualquer coisa para aumentar a riqueza dos acionistas, desde que isso seja legal...

Sobre isto, para mais desenvolvimentos: Andrew Keay, *Shareholder Primacy in Corporate Law: Can it Survive? Should it Survive?...*, pp. 375 e ss., e ainda Stephen Bottomley, *The Responsible Shareholder*, Edward Elgar Publishing, Inc., Massachusetts, 2021, pp. 29 e ss. Disponível em: https://doi.org/10.4337/9781800373402

[131] *Dodge v. Ford Motor Company (70 NW 668 - Mich. 1919)*. A sentença indica que o administrador não pode administrar colocando o benefício dos sócios em segundo plano, em detrimento do benefício de outros sujeitos. Para mais desenvolvimentos sobre o caso: Mark J. Roe, *Dodge v. Ford: What Happened and Why?*, European Corporate Governance Institute, Law Working Paper N.º 619, 2021, p. 6 e ss. Disponível em: https://ecgi.global/sites/default/files/working_papers/documents/roefinal_1.pdf. Vide, também: Catarina Serra, *ob. cit.*, p. 218.

Na Austrália e no Reino Unido já não será assim – os tribunais estabelecem, na maioria das vezes, que os administradores têm o dever de agir no melhor interesse da empresa, sendo este incluído nos interesses dos acionistas enquanto grupo coletivo. Não se exige que os interesses dos sócios sejam definidos apenas em termos de maximizar a sua riqueza. Stephen Bottomley, *ob. cit.*, pp. 29 e 30. Lá chegaremos.

garante que aqueles não atuem em benefício próprio; dir-se-á, ainda, que a primazia acionista assenta em questões de eficiência económica e que será impossível para os administradores ponderar uma série de interesses de interessados que não serão sócios.

Tal doutrina parece, no entanto, promover o foco em políticas de curto prazo e desempenhos de curto prazo ofuscam tudo o que gravita em torno da sociedade, não se maximizando a riqueza social – estes resultados são prejudiciais a vários grupos de pessoas, entre os quais se incluem trabalhadores e clientes, e à sustentabilidade a longo prazo da sociedade. Evidencia-se, ainda, que a tese de que os sócios são proprietários da sociedade não é compatível com o facto de estar ser uma entidade jurídica separada dos que a criam.[132]

III. No que diz respeito ao institucionalismo, à *stakeholder theory*, às teorias dualistas, o interesse social a que estão vinculados os administradores há de abarcar não só os interesses dos sócios, mas também os interesses de outros interessados. É certo que a sociedade é, inicialmente, mero contrato, mas há, depois, uma instituição que se distingue dos sócios que lhe deram origem.

Entendem, portanto, os institucionalistas que a sociedade abarca um conjunto de relações nas quais os administradores adotam preocupações com todos os *stakeholders*, sejam eles internos – como os trabalhadores – ou externos – como os clientes.

A sociedade comercial tem deveres e responsabilidades perante aqueles que *são afetados pelo seu comportamento*, configurando tais condições o preço que as sociedades têm que pagar por serem uma entidade jurídica autónoma, na qual os sócios têm responsabilidade limitada pelas suas dívidas e onde os riscos da atividade são externalizados.[133] Argumenta-se

[132] Para além disto, o sócio é titular de uma parte do capital social e não do património da sociedade... Fátima Gomes, *ob. cit.*, p. 87. Para uma análise detalhada das alegadas vantagens e desvantagens da *shareholder value theory*: Andrew Keay, *Tackling the Issue of the Corporate Objective...*, pp. 582-584 e pp. 585-588 e Andrew Keay, *Shareholder Primacy in Corporate Law: Can it Survive? Should it Survive?...*, pp. 376-405 e pp. 405-411.

[133] A noção e a constituição da sociedade comercial estiveram por anos ligadas à ideia de *benefício/ interesse público* – a responsabilidade limitada dos sócios seria (é) um privilégio extraordinário e não democrático e só o interesse público a poderia justificar. Por isto perdurou

que nalgum momento os interesses destes sujeitos têm que ser considerados, sob pena de a própria sociedade estar em causa. Alguns indicam, até, que a consideração destes elementos sempre existiu[134] – pelo menos quando eles condicionam a obtenção de lucros pela sociedade.

Propugna-se que há outros interesses, para lá dos interesses dos sócios, em jogo na gestão societária, que têm que ser ponderados – há uma série de outros sujeitos (trabalhadores, clientes, credores, fornecedores, comunidades, etc.) que também suportam os riscos inerentes à sociedade, que são afetados pelas ações de uma sociedade. Portanto, os interesses destes sujeitos – aqueles que podem afetar e ser afetados pelo bem estar da sociedade – hão de ter de ser considerados nas decisões dos administradores.[135]

A *stakeholder theory* procura, então, aliar a ética à atividade económica que a sociedade exerce, procurar refrear a busca irracional de lucros pelos sócios. O problema é que também ela apresenta fraquezas – e nelas reside o facto de, apesar de muitas leis promoverem um certo institucionalismo, a *shareholder primacy* ainda dominar as práticas da governação.

Com efeito, exige-se aos administradores a ponderação de uma série de interesses, de uma série de interessados; obriga-se os administradores a fazer raciocínios (demasiado) subjetivos, podendo estes orientar-se, na falta de critérios, por *critérios duvidosos*. Parece que a eficiência dos administradores também estará comprometida com a ponderação de interesses infinitos, de sujeitos infinitos. O *stakeholderism* terá falhas, na medida

por vários anos a necessidade de autorização administrativa para constituir sociedades. Tal obrigação vai desaparecendo, passando a personalidade jurídica a ser vista como um meio de organização da empresa; por 1920 era amplamente aceite a ideia de que o objetivo da sociedade era o de criar lucros para os sócios. LUCIAN A. BEBCHUK; ROBERTO TALLARITA, *The illusory promise of stakeholder governance*, Harvard John M. Olin Centre For Law, Economics, And Business, Discussion Paper N.º 1052, pp. 9 e 10.

[134] PEDRO J. MAGALHÃES, *ob. cit.*, p. 101.

[135] ANDREW KEAY, *Tackling the Issue of the Corporate Objective...*, p. 578, MICHAEL C. JENSEN, *Value Maximization, Stakeholder Theory and the Corporate Objective Function*, Tuck Business School Working Paper N.º 01-09, Harvard NOM Research Paper N.º 01-01, Harvard Business School Working Paper N.º 00-058, 2001, pp. 8 e 9. Disponível em: https://dx.doi.org/10.2139/ssrn.220671. Entre nós: COUTINHO DE ABREU, *Curso de Direito Comercial...*, p. 277, PEDRO J. MAGALHÃES, *ob. cit.*, pp. 32 e 33 e 100 e ss., CATARINA SERRA, *ob. cit.*, pp. 219-221.

em que não produz orientações para que os administradores se guiem e avaliem as suas decisões.[136]

IV. Uma sinergia entre a sociedade e os *stakeholders* é mutuamente benéfica. Estes dependem da sociedade – para, por exemplo, salários, compras e vendas, produtos, serviços, pagamentos de empréstimos – e a sociedade depende daqueles – por necessidades de capital financeiro e humano, infraestruturas, porque não pode operar e lucrar sem um certo grau de reconhecimento e confiança social e política. É por isto fundamental que a criação de valor a longo prazo para os acionistas tenha em atenção os efeitos das operações da sociedade nos sujeitos que com ela se relacionam – uma condição reclama a outra.[137]

Com isto na mira, começam a surgir propostas que indicam que os administradores hão de estar vinculados a um interesse social iluminado, ao *enlightened shareholder value*, obrigando-se os decisores empresariais a ter em contas regras que têm referências expressas aos interesses dos *stakeholders*.

O ano de 2006 traz, assim, reformas em várias leis societárias e uma das mais marcantes é a do Companies Act do Reino Unido – o *Company Law Review Steering Group* havia já recomendado a existência de deveres para os *directors*, uma vez que a *shareholder value* estava largamente implementada no Reino Unido[138]; neste seguimento, estes deveres passam a ser regulados na Sec. 172, vinculando-se, agora, os administradores a *um duty to promote the success of the company for the benefit of its members as a whole (...)*, ao tal interesse social iluminado.

A promessa da ESV não perde o foco da criação de valor para o acionista e do empenho dos *directors* a ter de atuar no interesse coletivo dos *shareholders;* tenta-se, no entanto, evitar um foco exclusivo em objetivos de curto prazo e coloca-se a tónica numa abordagem mais inclusiva, que valorize relações societárias de longo prazo. A ESV clama por um equilíbrio de interesses das diferentes partes interessadas, para o benefício

[136] Assim indica Catarina Serra, *ob. cit.*, pp. 220 e 221.

[137] Lucian A. Bebchuk; Roberto Tallarita, *The illusory promise of stakeholder governance...*, pp. 14 e 15.

[138] Andrew Keay, *Tackling the Issue of the Corporate Objective...*, p. 589.

dos acionistas no longo prazo – e pelos vistos isto não significa desconsiderar os interesses curto prazistas dos sócios; significa, sim, que os administradores devem adotar abordagens equilibradas, não devendo a visão de longo prazo ser absorvida pelos objetivos de curto prazo e vice-versa. Ainda assim, os interesses dos *stakeholders* são instrumentais – hão de considerar-se interesses de *stakeholders* na medida em que promovam os interesses dos sócios (nesta medida, a ESV aproxima-se da *shareholder value theory*).[139]

Os administradores estão, assim, obrigados a alcançar o sucesso da sociedade, em benefício dos seus acionistas, mas tendo em conta as ponderações necessárias para esse objetivo – o que envolve balancear visões de longo e de curto prazo, a necessidade de manter relações efetivas e continuas com trabalhadores, clientes, fornecedores, entre outros, e considerar o impacto das operações de negócios na comunidade e no meio ambiente. Parece que no Reino Unido, pelo menos as entidades governamentais, retêm a ideia de que os acionistas deverão ser o foco principal dos administradores, mas com ênfase no futuro a longo prazo da sociedade.[140]

É nesta medida que, pelo menos aparentemente, a *enlightened shareholder value* se afasta da clássica *shareholder theory/ shareholder primacy*, apesar de, ainda assim, ela se alicerçar no retorno dos investimentos feitos pelos sócios. Não obstante, há quem afirme que a ESV não é substancialmente diferente da tradicional *shareholder value theory*.[141] Uns garantem que esta mudança, para este este *duty to promote the success of the company*, não introduz maior responsabilização dos diretores e outros indicam que este dever vai levar a mudanças radicais e a um aumento da litigância

[139] ANDREW KEAY, *Tackling the Issue of the Corporate Objective...*, pp. 588-590.

[140] ANDREW KEAY, *Tackling the Issue of the Corporate Objective...*, p. 590.

[141] Se um favorecimento dos *stakeholders* for necessário e útil à criação de valor a longo prazo para o acionista, tal tratamento deve verificar-se à luz da tradicional *shareholder value theory*; se esse tratamento não for útil para a criação de valor a longo prazo para o acionista, ele não deverá verificar-se à luz da mesma teoria. «*(...) Enlightened shareholder value is only a particular articulation of shareholder value.*» «*(...) shareholder value maximization may sometimes call for stakeholder-friendly decisions.*», LUCIAN A. BEBCHUK; ROBERTO TALLARITA, *ob. cit.*, p. 4 e pp. 16 e 17.

contra os administradores (lá chegaremos).[142] Há, ainda, quem indicie[143] que o facto de os interesses dos sujeitos que gravitam à volta da sociedade estarem consagrados e enumerados na lei (na Sec. 172, em concreto), irá persuadir os administradores a levar eficazmente tais interesses em linha de conta, trará impactos educacionais na atuação dos administradores.

Para além disto, a abordagem da *enlightened shareholder value* parece, ainda, recusar mudanças quanto ao controlo do órgão de administração por parte dos sócios, quanto às regras que garantem aos acionistas essa fiscalização e, mais ainda, quanto aos mecanismos de reação, que parecem ser só dos sócios (e que não estão à disposição dos *stakeholders*). Vai-se um pouco mais além (nas reformas inglesas) quando é exigido aos diretores uma justificação quanto às decisões que tomam e aos riscos que estas comportam para os interesses dos *stakeholders* – a tomada de decisão é, portanto, multissectorial e faz com que, pelo menos indiretamente, o *board* seja responsável perante os *stakeholders*.

Em suma:

«the goal is to "maintain (corporations') financial accountability to a constituency of dispersed, independent shareholders while simultaneously using market forces to nudge companies in the direction of greater social responsibility."»[144]

1.2. Interesse social ilimitado?

I. Entre o contratualismo, o institucionalismo e um (certo) "institucionalismo iluminado", que conceção vigora, é dominante e devemos acompanhar? Há só uma conceção de interesse social a que devem estar vinculados os administradores?

Por longos anos prosperou, obviamente, a conceção contratualista – aliás, este posicionamento valerá ainda hoje no que diz respeito à *relação dos sócios com a sociedade;* vincado o fim lucrativo da sociedade, os interesses

[142] Andrew Keay, *The Duty to Promote the Success of the Company: Is it fit for purpose?,* University of Leeds School of Law, Centre for Business Law and Practice Working Paper, 2020, p. 29. Disponível em: https://ssrn.com/abstract=1662411

[143] Quem o afirma é John Birds. *Ibid.*, p. 10 e pp. 30-32.

[144] Virginia Harper Ho, *Enlightened Shareholder Value: Corporate Governance beyond the Shareholder-Stakeholder Divide,* Journal of Corporation Law, Vol. 36., N.º 1, 2010, p. 79. Disponível em: https://ssrn.com/abstract=1476116

comuns dos sócios hão de ser interesses da sociedade em vários momentos, nomeadamente quando estes exercem o seu direito de voto.[145] É claro isto.

Este contratualismo parece ser, ainda hoje, levado ao extremo pelo órgão de administração – afirmámos já que a *shareholder value primacy* é uma norma social bastante poderosa; ela está enraizada no órgão de administração de tal modo, que este tende a administrar no interesse exclusivo dos sócios, promovendo políticas curto prazistas, políticas de satisfação dos interesses dos acionistas que são, mais das vezes, irracionais. Ainda para mais se pensarmos nas influências e pressões exercidas pelos sócios nos administradores, para que estes promovam a agenda e os interesses daqueles – quanto mais não seja por via da sua nomeação e destituição ou da fixação das suas remunerações (fatores como estes podem propagar um contratualismo que pode ser tóxico). O interesse social tende a ser interpretado no sentido da maximização do valor acionista. Notemos, além disto, que a génese dos mercados de capitais é a *shareholder value*. Os aforradores, os investidores, buscam no mercado bolsista a valorização das participações sociais que adquiriram, para obter mais-valias. Se as não obtiverem, se os seus interesses lucrativos não forem satisfeitos, desertam, *votando com os pés*, saem da sociedade.

II. Hodiernamente clama-se, então, por institucionalismo na conduta dos administradores. As leis societárias impõem aos administradores a consideração de interesses de *stakeholders*, de pessoas que podem influenciar a sociedade e que por esta são influenciadas. Há, desde logo, uma extensão legal dos deveres fiduciários e da responsabilidade civil dos administradores aos interesses dos diferentes *stakeholders*.

Mas a *Revolução Stakeholder* irrompe, sobretudo, nos códigos recomendatórios e de boas práticas. O institucionalismo é, nestes mecanismos, notório. Recomenda-se, vimos já, pelo mundo fora, que os administradores considerem, na prossecução do escopo lucrativo da sociedade, os interesses dos mais variados sujeitos que com ela se relacionam.

[145] COUTINHO DE ABREU, *Curso de Direito Comercial*..., pp. 278 e 279.

Ainda assim, quer venha o institucionalismo das leis societárias, quer venha dos códigos recomendatórios, ele parece ser desprovido de eficácia, por motivos vários (como veremos).

III. Por força do que acabámos de expor, é complicado afirmar que há, hoje, uma concordância do interesse social com o interesse dos sócios, que no presente dominam as teorias contratualistas, seja em que ordenamento jurídico for. Há um institucionalismo, pelo menos aparente, que advém de vários lados, a que não podemos ficar indiferentes. Há novos interesses em jogo na administração das sociedades, há um (leve) institucionalismo que não nos permite afirmar que o interesse social há de ser somente o interesse dos sócios. Não há, portanto, uma só conceção de interesse social, uma vez que a *revolução stakeholder* veio para ficar.

Mas, este *stakeholderism* é desejado por todos? É necessário e benéfico? A administração deve ter por missão a satisfação de interesses que parecem infindáveis, de sujeitos que parecem infindáveis?

Há vozes que afirmam que estas propostas podem ser perigosas e meramente ilusórias – queremos ter em conta tantos interesses, que acabamos por não ter nenhum interesse em conta. A credibilidade da agenda da sustentabilidade, da preocupação social e ambiental, pode ficar em cheque porque as medidas que visam consagrar o institucionalismo parecem ter sido pouco eficazes ao longo do tempo, elas têm ficado pela lei suave, pelos códigos recomendatórios a que as empresas podem aderir se quiserem. E, depois, porque elas não são claras – elas aplicam-se a todas as sociedades? Como consideram os administradores estes interesses? O que fazem em caso de conflitos?

Dir-se-á que a onda do *stakeholderism* atrai, porque ela depende de disposições privadas, que parecem fazer com que a regulação externa seja desnecessária – podendo, assim, a sua aceitação ser contraproducente e colocar em causa os interesses das partes especialmente interessadas...

É que se, com efeito, os apoiantes do *stakeholder governance* colocam a tónica numa alternativa que somente encoraja os decisores empresariais, os gestores, a tomar decisões que considerem os *stakeholders*, ao mesmo tempo que consideram os sócios, o que temos vai ser um maior afastamento dos administradores em relação aos sócios – os administradores vão prestar menos contas aos sócios – e esse afastamento não vai ser acompanhado por uma aproximação aos *stakeholders* – não vai haver uma obrigação de prestação de contas aos *stakeholders*, o *stakeholderism* não advoga isto. Por isto, estes movimentos poderão ser perigosos e, em certos casos, prejudiciais aos interesses dos *stakeholders* – o *stakeholderism* dá mais liberdade aos administradores na tomada de decisão, o que poderá criar a ilusão de que os interesses destes sujeitos estão a ser tidos em conta.[146]

Para além disto, o *stakeholderism* ineficaz, recomendatório, de adesão voluntária e sem sanção, que tem perdurado, poderá impedir – parece mesmo ter impedido –, limitar ou atrasar reformas que poderão ser efetivamente protetoras dos interesses dos *stakeholders*. É, portanto, urgente elevar os padrões normativos regulatórios, passar de *soft law* para *hard law* – é importante que se adotem leis, regulamentos, políticas governamentais que envolvam as entidades reguladoras, a supervisão e a fiscalização, para que se proteja de modo efetivo os interesses dos *stakeholders*. Os códigos recomendatórios não fazem mal, mas tem que ser exigida regulamentação imperativa específica – leis específicas de proteção dos trabalhadores, de proteção dos consumidores, taxas que permitam reduzir as emissões de carbono...[147] Estas intervenções externas incentivarão e obrigarão as empresas a atuar de um modo que proteja efetivamente os *stakeholders*.

IV. Independentemente disto, o interesse social deve ser, hoje, interpretado no sentido de englobar os interesses dos sócios e os interesses de outros sujeitos ligados à sociedade – mesmo que este institucionalismo seja, ainda, muito comedido. A maioria da doutrina e da legislação (nacional e estrangeira) tenderá a prender o interesse social à sustentabilidade empresarial – há uma agenda clara, nomeadamente das Insti-

[146] «*(...) support for stakeholderism may well be strategic: an attempt to advance a managerialist agenda dressed in stakeholder clothing to make it more appealing to the general public and to gain support for it from those concerned about corporate externalities.*» Para mais desenvolvimentos, indicando os modos pelos quais a onda do *stakeholderism*, nestes moldes, pode contribuir para a redução da prestação de contas, vide: Lucian A. Bebchuk; Roberto Tallarita, *ob. cit.*, pp. 65-69.
[147] Lucian A. Bebchuk; Roberto Tallarita, *ob. cit.*, p. 1.

tuições Europeias, para a sustentabilidade, que se há de repercutir nas conceções do interesse social.

Afirma-se que a sociedade, organização de fatores produtivos, tem como objetivo proporcionar ganhos, resultantes da atividade social, aos que a criam e aos que a venham a integrar – aqui estão incluídos trabalhadores, clientes e credores, que deverão ver os seus interesses ponderados na gestão societária.[148]

Parece estar a emergir um *interesse social sustentável*, mais claro e objetivo. Importa ser preciso nestas matérias, por força dos tais riscos que o *stakeholderism* comporta. O grupo de *stakeholders* que devem ser considerados pelos decisores deve aferir-se, portanto, pelo impacto que estes têm na sustentabilidade a longo prazo da sociedade, assumindo especial relevo os trabalhadores, os clientes e os credores. No entanto, mediante o tipo de sociedade, a sua atividade e o modo como ela é prosseguida, os interesses relevantes poderão ser outros. Eles devem ser aferidos, pelo órgão de administração, caso a caso.[149] Impõe-se regulamentação que clarifique que ao atuarem, os administradores devem equilibrar os interesses dos sócios com os interesses de longo prazo da sociedade (num horizonte temporal que apontam estar entre cinco e dez anos) e com os interesses dos trabalhadores, dos clientes e do ambiente local. O interesse social tem que comportar uma identificação e mitigação de riscos em relação a práticas, ligadas às operações de negócios e à cadeia de criação de valor da empresa, que atentem contra a sustentabilidade.[150]

A prossecução do interesse social como um todo, tem de incluir mecanismos que permitam identificar e mitigar riscos relativos à (in)sustentabilidade da sociedade a longo prazo – e a (in)sustentabilidade a longo prazo da sociedade há de depender da consideração dos interesses dos sujeitos a que nos temos vindo a referir. Estes riscos poderão ser financeiros – seja quando, por exemplo, a performance da sociedade pode estar em causa ou quando os investidores passam a ter em conta a integração de fatores ESG –, físicos – se o ambiente não é tido em conta a sociedade

[148] Paulo Olavo Cunha, *ob. cit.*, p. 125.

[149] Rui P. Dias; Mafalda de Sá, *Deveres dos Administradores e Sustentabilidade*, in AAVV, *Administração e Governação das Sociedades*, Almedina, Coimbra, 2020, pp. 72 e 73.

[150] European Commission DG Justice and Consumers; EY, *ob. cit.*, p. 68.

pode, em tempos vindoiros, desmoronar – ou jurídicos – com a possibilidade de ações judiciais contra as empresas que não levem em linha de conta estas práticas.[151]

Por fim, subscrevemos uma via intermédia defendida por FERNANDO CARBAJO CASCÓN – reconhecemos a existência de um interesse próprio da sociedade, na conservação do seu património e em garantir a continuidade da empresa social, para alcançar a maximização do seu valor a longo prazo. A sociedade será um instrumento para a satisfação direta dos interesses comuns dos sócios e para a satisfação indireta dos interesses dos grupos de interessados na boa marcha da atividade social. Com esta visão, que o A. considera objetiva, o interesse social é um guia para a atuação dos administradores (e dos sócios), e uma referência útil para os tribunais na resolução de ações de responsabilidade civil intentadas contra administradores, por atos contrários ao interesse social.[152]

Uma análise casuística sobre os impactos que uma decisão de gestão empresarial terá, quer na viabilidade a longo prazo da sociedade, quer nos interesses de outros sujeitos interessados, atenua os possíveis perigos do *stakeholderismo*. Os perigos de um interesse social de viés institucionalista precisam, ainda assim, de ser mitigados por normas claras, precisas, proporcionais e determinadas, complementando-se a *soft law* e a *hard law*, combinando-se prevenção e reação. Cair no erro de pretender um interesse social ilimitado, que atenda aos interesses de todos e, consequentemente, de nenhuns, é a primeira falha.

1.3. A compatibilização e o conflito entre os interesses dos sócios e os interesses dos não sócios

I. O atendimento a outros interesses, para lá dos interesses dos sócios, por parte de quem gere é inquestionável – vimos já que a maioria das leis societárias e dos códigos recomendatórios prescreve, geralmente com referência aos deveres fiduciários dos administradores, que estes devem ter em linha de conta interesses de não sócios.

[151] RUI P. DIAS; MAFALDA DE SÁ, *ob. cit.*, pp. 79 e 80.

[152] FERNANDO CARBAJO CASCÓN, *Deber de Lealtad de los Socios...*, p. 253.

Face a isto, poder-se-ia argumentar que o atendimento a interesses não lucrativos, que não os interesses típicos dos sócios, seria contrário ao fim das sociedades. Afirmámos que o fim das sociedades é o lucro; que o lucro corresponde ao fim social, e que ele advém, entre nós, de uma norma legal imperativa – o art. 980.º do CCivil. Afirmar, agora, que as sociedades devem ter em consideração interesses não lucrativos será contraproducente? Não nos parece.

II. Continuamos a proclamar que o escopo das sociedades não deve ser adulterado. Modificada deve ser a visão que a administração e os sócios (em particular os investidores) têm quanto ao fim social e quanto ao modo como este é prosseguido. O problema tem que ver com a maneira como os órgãos sociais internalizam o fim social.[153] Com efeito, a lei não impõe um dever de atender exclusivamente aos interesses dos sócios – pelo contrário –, não impõe que o objetivo da gestão societária deve ser a maximização do lucro ou a maximização do valor acionista.[154] Muito menos se exige, seja na lei, seja nos princípios de *corporate governance*, que os administradores se foquem em políticas de curto prazo, ao invés de colocarem a tónica em estratégias que fomentem a sustentabilidade (intra ou extra) social.[155]

A primeira ideia a absorver é a de que os administradores e gerentes, os fiduciários, a ser agentes, sê-lo-ão da sociedade, o seu dever de prosseguir o interesse social é devido à sociedade e não aos sócios – eles estão vinculados ao interesse social, não ao interesse (exclusivo) dos sócios.

[153] *Supra* Cap. I, 1.3., pp. 31 e ss e 2.3., pp. 50 e ss.

[154] RUI P. DIAS; MAFALDA DE SÁ, *ob. cit.*, p. 74.

[155] Mesmo em ordenamentos jurídicos onde se podia pensar o contrário - «*(...) the norm provides the corporation with a residual goal or objective function: maximizing returns to shareholders. (...) State corporation statutes, under which U.S. corporations are chartered, do not require profit maximization.*» Durante a primeira metade do séc. XX parece que as *corporations* americanas não atuavam puramente no intuito de maximizar lucros... «*Corporations sought to succeed in the marketplace, but they also recognized their obligations to employees, customers and the community.*» Para um desenvolvimento histórico do problema nos EUA: PIERRE J. ALLEGAERT, *Codetermination and ESG: Viable Alternatives to Shareholder Primacy?*, New York University Journal of International Law and Politics, Vol. 52, N.º 2, pp. 642 e ss. Disponível em: https://heinonline.org/HOL/Page?handle=hein.journals/nyuilp52&id=645

Depois, as sociedades não estão legalmente vinculadas à *shareholder primacy* e, assim, não são obrigadas a prosseguir a maximização do lucro a qualquer custo. Prosseguir o lucro e maximizá-lo a qualquer custo são realidades distintas[156] – apenas esta última disputa com o *stakeholderism*. Parece-nos, aliás, na senda de CASSIANO DOS SANTOS, que a maximização do lucro será exclusivamente um fim individual de cada sócio – é o investidor que visa a valorização da participação social que adquiriu, para depois a alienar (no máximo valor possível) e obter uma vantagem direta na sua esfera patrimonial. Isto é uma desnaturação do fim e do objeto sociais, para que se obtenha vantagens patrimoniais por quaisquer meios – incluindo meios especulativos e meios que permitem a formação direta de lucros na esfera patrimonial do sócio, com vista à maximização do seu investimento.[157] [158]

Portanto, manter o fim lucrativo é compatível com o atendimento a outros interesses, mesmo que isso signifique uma redução dos lucros.

Argumenta-se, aliás, que a consideração dos interesses de outros sujeitos fará com que o lucro das sociedades aumente, que interessa aos sócios tomar em conta outros interesses, porque isso aumentará os seus lucros. Aparentemente, hoje, o lucro terá de andar a par da sustentabilidade, os sócios não conseguem ver os seus interesses satisfeitos sem a consideração dos fatores ESG *(environmental, social and governance)*. A (não) integração destes fatores terá impactos económicos e reputacionais que influenciam a atividade, a sociedade e os sócios.[159] Será assim? A integração destes fatores promove a *performance* da sociedade? A satisfação de interesses de *stakeholders* promove a satisfação de interesses dos sócios? Parece que se tal ocorresse as sociedades já estariam voltadas para

[156] PIERRE J. ALLEGAERT, *ob. cit.*, pp. 643 e 644. Entre nós, FÁTIMA GOMES, *ob. cit.*, p. 86.

[157] CASSIANO DOS SANTOS, *Estrutura Associativa...*, pp. 262-264.

[158] Entre nós, assumindo posição contrária – no sentido de que a maximização do lucro para o acionista não significa que ele pretende obter vantagens económicas independentes da estrutura e da atividade social –, mas afirmando que a sociedade prossegue agora, para lá do fim económico, *outros fins lícitos, alguns de caráter social e de proteção do meio ambiente, e de desenvolvimento das sociedades onde se encontra inserida...* vide FÁTIMA GOMES, *ob. cit.*, p. 102.

[159] RUI P. DIAS; MAFALDA DE SÁ, *ob. cit.*, pp.74 e 75. Em igual sentido: PAULO CÂMARA, *O governo das sociedades e os deveres fiduciários dos administradores* in AAVV, *Jornadas – Sociedades Abertas, Valores Mobiliários e Intermediação Financeira*, Almedina, Coimbra, 2007, p. 176.

estas questões há muito tempo, o que não acontece; tal implica custos, sacrifícios e uma consequente diminuição de lucros.[160]

Já se verá que várias são as situações em que, aliás, os interesses de uns e de outros colidem, sendo a regulação externa necessária.

Para além disto, perfilhamos a posição de que o modelo de primazia acionista é falho – os acionistas não têm um dever fiduciário perante a sociedade, poderão comprar e vender as suas ações da maneira que quiserem e alguns tendem a distanciar-se física e psicologicamente das atividades da sociedade em que investem. Os sócios não estão, muitas vezes, em condições de monitorizar a atividade e quem a gere e vamos dar primazia aos seus interesses, descartando todos os outros?[161] O próprio envolvimento dos sócios na gestão da sociedade pode ser perigoso – não são eles os ditadores da maximização do lucro a qualquer custo? Parece que a sociedade é, nalguns casos, mero instrumento ao serviço de investidores para que estes obtenham lucro, desconsiderando-se a sua atividade, a sua sustentabilidade, os sujeitos que dela dependem...

Os administradores podem – devem – assim, levar a cabo políticas de obtenção de lucros que sejam sustentáveis, em primeira linha, para a sociedade, mas também considerando projetos extrassociais e, assim, integrando os fatores ESG na governação das sociedades e na obtenção de lucros. Tal não pode ser considerado contrário ao fim lucrativo das sociedades... As sociedades continuam a propor-se obter lucros, mas nessa obtenção devem ter em conta interesses que vão para lá do lucro em si mesmo. Desde logo, porque os órgãos sociais estão vinculados à lei – quer isto dizer que, no imediato, qualquer restrição legal imposta à prossecução do escopo lucrativo deve ser respeitada. O Direito Societário surge, justamente, para garantir que não há abusos na prossecução

[160] Isto só não será assim no caso da própria atividade da sociedade ser considerada sustentável *in re ipsa*. Pensemos numa sociedade que oferece serviços na área do microcrédito, que permite que cidadãos acedam a crédito que de outra maneira não teriam... Haverá aqui uma dimensão de sustentabilidade social que permite afirmar que a sustentabilidade não envolve um custo para a sociedade. Serão raras estas situações, cremos... Alessio Bartolacelli, *Modelos de sociedades "especiais" com fim adicional de "benefício comum": benefit corporations dos EUA, società benefit italianas e sociétés à mission francesas (com uma nota anglo-alemã)* in AAVV, *VI Congresso Direito das Sociedade em Revista*, Almedina, Coimbra, 2022, pp. 287 e 288.

[161] Pierre J. Allegaert, *ob. cit.*, p. 645.

deste escopo – nomeadamente, com a instituição de deveres legais que vinculam quem prossegue os desígnios lucrativos. Não é por isto que, no nosso entender, a regra de que a sociedade existe pare fazer ganhar os sócios está em causa.

III. Só esta compatibilização pode justificar a referência da doutrina e da legislação, aos interesses dos *stakeholders*. Reconhecer a existência de um interesse próprio da organização – o interesse social – não supõe uma afronta ao fim comum dos sócios ou do sócio único. Ambos coincidirão na maior parte das vezes, sem prejuízo de que possam vir a colidir quando a atuação dos sócios provocar um prejuízo importante à empresa social, colocando em risco os legítimos interesses e expectativas de terceiros.[162]

Estarão, então, as teses de MILTON FRIEDMAN, de que há um único propósito social da empresa – *"to use its resources and engage in activities designed to increase its profits so long as it stays within the rules of the game"* –, superadas? COLIN MAYER afirma que só aparentemente.[163] É que em caso de conflito parece que os interesses dos sócios prevalecerão, eles têm prevalecido. A hierarquização dos interesses em jogo é um exercício difícil – na maioria dos casos tem havido uma instrumentalidade de interesses, indica-se que a satisfação dos interesses dos *stakeholders* promoverá a realização do interesse social, mas ela já não promoverá, em muitas situações, o interesse dos sócios.

De facto, a regra de que a sociedade existe para fazer ganhar os sócios não está colocada em cheque – aliás, a maioria dos ordenamentos jurídicos prescreve, até, uma supremacia, mais ou menos ligeira, dos interesses dos sócios em relação aos interesses dos demais interessados.

Em situações de uma absoluta desarmonia entre uns interesses e outros, à partida prevalecerão os interesses dos sócios. São eles quem investe o seu capital, quem suporta o risco desse investimento e quem impulsiona a atividade da sociedade, pelo menos no momento da sua constituição. O guia é, parece, a necessidade de maximizar, a longo prazo,

[162] FERNANDO CARBAJO CASCÓN, *ob. cit.*, p. 256.

[163] COLIN MAYER, *The Governance of Corporate Purpose,* European Corporate Governance Institute – Law Working Paper N.º 609, 2021, pp. 6 e 7. Disponível em: https://ssrn.com/abstract=3928613

o valor da empresa social como um todo. Agora, no caso de uma decisão de gestão implicar uma afronta manifesta, direta, frontal aos interesses de terceiros, os administradores deverão abster-se de a tomar, mesmo que ela seja favorável à satisfação dos interesses (de longo prazo) dos sócios. Também aqui há uma clara necessidade de critérios legais. Esta falta de orientação para os administradores leva, claro está, a que eles se abstenham de tomar (ainda mais) decisões arriscadas.[164]

Por tudo isto, afirma-se que não há uma verdadeira obrigação de os administradores atenderem aos interesses dos *stakeholders*; e que a haver essa obrigação, ela será meramente formal. [165]

2. O interesse social em Portugal

2.1. A versão originária do CSC – breve excurso

I. Os primórdios legislativos em relação ao interesse social português aparecem conectados com os deveres dos administradores – como, aliás, na maioria dos ordenamentos jurídicos – e remontam a 1969; o art. 17.º/1 do DL 49 381, de 15 de novembro de 1969 indicava, então, que *os administradores da sociedade são obrigados a empregar a diligência de um gestor criterioso e ordenado*, regra que se havia inspirado no § 93 (1) da AktG alemã, de 1965.[166] [167]

Mais tarde, o preceito começa a ser reparado e é acolhido na versão originária do CSC, de 1986, prescrevendo-se, então, que *os gerentes, administradores ou diretores de uma sociedade devem atuar com a diligência de um gestor criterioso e ordenado, no interesse da sociedade, tendo em conta os interesses dos sócios e dos trabalhadores.* O projeto do CSC não continha menções ao

[164] Catarina Serra, *Entre corporate governance e corporate responsibility...*, pp. 233 e ss. e p. 245.

[165] *Ibid.*, p. 234.

[166] Já em 1867 havia regras que prescreviam deveres gerais dos administradores... Rui Pinto Duarte, *Os Deveres dos Administradores das Sociedades Comerciais*, in *Católica Law Review*, Vol. II., N.º 2, 2018, p. 80; Menezes Cordeiro, *Os deveres fundamentais dos administradores das sociedades*, in AAVV, *A reforma do Código das Sociedades Comerciais. Jornadas em Homenagem ao Professor Doutor Raúl Ventura*, Almedina, Coimbra, 2007, pp. 27 e ss.

[167] Ainda sobre um desenvolvimento histórico do art. 64.º vide, também, Menezes Cordeiro, *Direito das Sociedades*, Vol. I, Parte Geral, 4.ª ed. Revista e Atualizada, Almedina, Coimbra, 2020, pp. 776 e ss.

interesse social, mas, por advento da proposta da 5.ª Diretiva em matéria de sociedades (versão de 1983)[168], que nunca chegou a ser adotada, BRITO CORREIA terá indicado a sua referência. Será, também, por influência do Direito inglês que era, entre nós, feita uma referência aos interesses dos trabalhadores.[169] Com efeito, a Sec. 309 do Companies Act de 1985 rezava que *the matters to which the directors of a company are to have regard (...) include the interests of the company's employees in general, as well as the interests of its members.*

Note-se que a lei aludia a um amplo dever de diligência, desdobrável e concretizável em dois outros – o dever de cuidado (ou dever de diligência em sentido estrito) e o dever de lealdade. Dever de lealdade e dever de atuação no interesse da sociedade serão, portanto, sinónimos.[170]

I. Se durante muito tempo predominou o contratualismo, o institucionalismo começa a entrar em Portugal, ainda que não consensualmente, por via da redação originária do CSC. Cremos que, apesar de haver doutrina divergente, a partir de 86 conceções unitárias sobre o interesse social em Portugal deixam de ser possíveis – há que começar a admitir um *certo institucionalismo*, ainda que muito comedido, quantos aos interesses a que os administradores deviam atender, no exercício das suas

[168] É uma tradução da 1.ª parte do n.º 2 dos arts. 10 a) e 21 q), que indicavam que os membros da administração *"exercent leurs fonctions dans l'intérêt de la société, compte tenu des intérêts des actionnaires et des travailleurs."* COUTINHO DE ABREU, *Curso de Direito Comercial...*, p. 279. MENEZES CORDEIRO, *Os deveres fundamentais...*, pp. 32-62.

[169] PAULO CÂMARA, *O governo das sociedades e os deveres fiduciários dos administradores...*, p. 177.

[170] A *diligência de um gestor criterioso e ordenado* será a concretização do dever de cuidado. COUTINHO DE ABREU, *Responsabilidade Civil dos Administradores de Sociedades*, 2.ª ed., Cadernos do IDET, N.º 5, Almedina, Coimbra, 2010, p. 16. No mesmo sentido, RUI PINTO DUARTE, *Os Deveres dos Administradores...*, p. 81. Indicando que, hoje, a distinção entre estes deveres é uma certeza, mas que, antes, a referência ao interesse social era feita a respeito do dever de cuidado: FÁTIMA GOMES, *Reflexões em torno dos deveres fundamentais dos membros dos órgãos de gestão (e fiscalização) das sociedades comerciais à luz da nova redação do art. 64.º do CSC*, in AAVV, *Nos 20 Anos do Código das Sociedades Comerciais, Homenagem aos Profs. Doutores Ferrer Correia, Orlando de Carvalho, e Vasco Lobo Xavier*, Vol. II, Coimbra Editora, Coimbra, 2007, pp. 554 e ss e pp. 566 e 567. Repare-se, ainda, *que dever de atuação compatível com o interesse social e dever de lealdade dos sócios coincidirão quase sempre;* preferimos, na senda de COUTINHO DE ABREU, a primeira. COUTINHO DE ABREU, *Curso de Direito Comercial...*, p. 275.

funções. Há, agora, interesses de trabalhadores a levar em linha de conta, a par dos interesses lucrativos dos sócios.[171]

Há que admitir, ao lado do contratualismo – o marco de referência em relação aos sócios –, um certo institucionalismo – o marco de referência adequado para a atuação de outros órgão sociais, nomeadamente o de administração.[172]

Mas, o tema não era, como dissemos, pacifico – as teorias contratualistas continuavam a ser defendidas por muitos.

Apesar da referência aos interesses dos trabalhadores, RAÚL VENTURA afirmava que a referência aos interesses de trabalhadores era um mero *toque de preocupação social*;[173] LOBO XAVIER indicava que o interesse social devia ser o interesse comum dos sócios na obtenção do *máximo lucro possível através da empresa coletiva...*[174] MENEZES CORDEIRO assinalava que o *administrador serve os sócios, num modo coletivo*.[175] O próprio BRITO CORREIA, apesar de ter indicado a referência da lei aos interesses dos trabalhadores, parece amparar-se numa visão contratualista.[176]

2.2. As reformas de 2006 e o interesse social

I. As alterações do CSC, em 2006, – com o DL 76-A, de 29 de março – trazem novos ventos de institucionalismo, no que diz respeito aos deveres fundamentais dos administradores.

Reza agora – por via da alteração imposta pelo art. 4.º do DL 76-A/2006, de 29 de março – o art. 64.º/1, al. b) do CSC que *os gerentes ou administradores da sociedade devem observar (...) deveres de lealdade, no interesse da sociedade, atendendo aos interesses de longo prazo dos sócios e ponderando os interesses dos outros sujeitos relevantes para a sustentabilidade da sociedade, tais*

[171] COUTINHO DE ABREU, *Curso de Direito Comercial...*, p. 279.

[172] COUTINHO DE ABREU, *Interés social y deber de lealtad de los socios*, Revista de Derecho de Sociedades, N.º 19, 2002, p. 40.

[173] RAÚL VENTURA, *Sociedades por Quotas, Comentários ao CSC*, Vol. III, Almedina, Coimbra,1991, p. 192.

[174] VASCO LOBO XAVIER, *Anulação de deliberação social e deliberações conexas*, Atlântida Editora, Coimbra, 1976, p. 242.

[175] MENEZES CORDEIRO, *Os deveres fundamentais...*, p. 40.

[176] VÂNIA PATRÍCIA FILIPE MAGALHÃES, *A conduta dos administradores das sociedades anónimas: deveres gerais e interesse social*, RDS, Ano I, N.º 2, 2009, p. 409.

como os seus trabalhadores, clientes e credores. As semelhanças com a Sec. 172 do Companies Act de 2006 são incontestáveis – ali, consagra-se um *duty to promote the success of the company for the benefit of its members as a whole (...).*

A consagração de deveres deste género não é novidade – a imposição de deveres aos administradores é tão antiga quanto a própria regulamentação das sociedades comerciais. Com efeito, vincular-se-ão os administradores a deveres que surgem em vários patamares de generalidade – uns serão bastante determinados, deveres concretos, previstos na lei, como os deveres legais específicos (*v.g.* o dever de elaborar um relatório), e outros serão pouco determinados, deveres genéricos (neste grupo inserimos o dever de diligência e o dever de lealdade).[177] Nem tão pouco estes deveres terão a sua génese em Portugal – várias leis societárias, mundo fora, conterão normas de conteúdo altamente semelhante.[178]

Por comparação à redação anterior, o institucionalismo está, senão mais forte, pelo menos, visivelmente, mais vasto. São mais os interesses a ponderar, parece que se exige mais aos administradores – pelo menos, são mais os sujeitos a considerar. Alias, ao usar a expressão *"tais como"*, a norma parece indiciar que o elenco de trabalhadores, clientes e credores é meramente exemplificativo; cumpre, então, considerar os interesses de quaisquer sujeitos que afetem a atividade da sociedade, ou que por ela possam ser afetados (os interesses dos *stakeholders*, a que nos temos vindo a referir). A referência expressa aos interesses de outros sujeitos relevantes para a sustentabilidade da sociedade afasta, claramente, um contratualismo puro – integra-se nos deveres dos administradores considerações e interesses extrassociais, apesar de não se determinar o papel e o relevo que assumem.[179]

[177] Rui Pinto Duarte, *Os Deveres dos Administradores das Sociedades Comerciais*, in *Católica Law Review*, Vol. II., N.º 2, 2018, p. 74.

[178] Assim será, por exemplo, na lei brasileira – art. 154.º da LSA, de 1976 –, na lei inglesa – na Sec. 309 do Companies Act, de 1985 e na Sec. 172 do Companies Act de 2006 – e na lei austríaca – § 70(1) da AktG. Para mais desenvolvimentos: Coutinho de Abreu, *Curso de Direito Comercial...*, pp. 282 e 283, Fátima Gomes, *Reflexões em torno dos deveres...*, pp. 552 e ss., Catarina Serra, *O Novo Direito das Sociedades: Para uma Governação Socialmente Responsável*, Scientia Iuris, Vol. 14, Londrina, 2010, pp. 160-163.

[179] Rui P. Dias; Mafalda de Sá, *ob. cit.*, p. 38

II. No imediato, a doutrina carateriza o normativo como sendo um preceito pesado, uma norma insuflada de complexas mensagens normativas, que prescreve uma série de orientações a que os administradores estão obrigados[180], uma *enigmática noção pluridimensional ou proteiforme*[181], que revela que este dever de lealdade, assim consagrado, *parece carecer de suficiente determinação para ser um dever jurídico.*[182] Numa célebre expressão de COUTINHO DE ABREU, a referência aos interesses de não sócios não será mais que *retórica normativa balofa e potencialmente desresponsabilizadora dos administradores.*[183]

De facto, a norma parece uma mão cheia de nada. Parece querer-se tanto, exigir-se tanto, que não se garante nada. Normas com este cunho são problemáticas e merecem reflexão. Lá estão, de novo, os problemas de um *stakeholderismo* ineficaz. Que conteúdo retirar daqui? É deixada à mercê da doutrina a análise sobre o relevo que a lei portuguesa dá aos interesses de outros sujeitos. Com a consagração desta quantidade de interesses, a norma pode conceder uma *carta branca* aos administradores, podendo legitimar-se a adoção de qualquer comportamento. Ainda assim, este é o preceito que fundamenta uma possível abertura à existência do dever de prosseguir, na condução da vida social, o interesse social.[184]

III. Ora, é verdade que a atividade empresarial, a decisão empresarial, implica riscos – o risco favorecerá, é claro, o interesse social, a obtenção de ganhos, a sociedade e os sócios. Mas, esta assunção de riscos, nota, bem, RICARDO COSTA, tem que ser balizada pela assunção de obrigações que orientem a conduta do órgão de administração. Impõe-se, assim, para lá da previsão de deveres genéricos de administrar e representar

[180] MENEZES CORDEIRO, *Os deveres fundamentais dos administradores...*, p. 20.

[181] JOSÉ ENGRÁCIA ANTUNES, *Direito das Sociedades – Parte Geral*, Almedina, Coimbra, 2010, p. 326.

[182] CATARINA SERRA, *Entre corporate governance e corporate responsibility...*, pp. 212 e 213.

[183] COUTINHO DE ABREU, *Curso de Direito Comercial...*, p. 285. Considerando que, apesar disto, a norma é bem-vinda e tem algum efeito útil, CATARINA SERRA, *Entre corporate governance e corporate responsibility...*, p. 252.

[184] CATARINA SERRA, *O Novo Direito das Sociedades...*, pp. 163 e 164, FÁTIMA GOMES, *Reflexões em torno dos deveres...*, p. 551.

a sociedade, que os administradores administrem com lealdade. Esta imposição de lealdade encontra a sua génese na relação fiduciária que conecta a sociedade ao administrador e que obriga a que este prossiga – como regra e em primeira linha – o fim lucrativo, os interesses dos sócios; é que o fiduciário, podendo promover condutas desleais, pode abalroar, na condução dos negócios sociais, o interesse societário.[185]

Este dever geral de lealdade será, portanto, reconduzível, já o dissemos, ao intento exclusivo de promover os interesses da sociedade, de os satisfazer e de não atuar em benefício próprio ou tendo em conta interesses alheios.[186] Pela negativa, condutas desleais, que viciem o dever de lealdade, serão aquelas que assentem numa política de extração de benefícios privados pelos e para os administradores, prejudicando-se – ou, pelo menos, não se levando em consideração – os interesses comuns dos sócios e dos terceiros interessados na sociedade.[187]

Esta lealdade obriga, portanto, os administradores a promover o interesse social. Que significa isto? Que a lealdade é devida a todos os sujeitos a que a norma se refere, para além dos sócios? O interesse social não é, já o vimos, reconduzido meramente aos interesses dos sócios; há novos interesses, de outros sujeitos, a ter em conta. A norma alude claramente a esses interesses; contudo, não existe uma relação fiduciária entre a sociedade e os *stakeholders*. É claro isto. Parece, assim, que o dever de lealdade, de prosseguir o interesse social, existirá somente perante a sociedade, ele é devido à sociedade, aos sócios como um todo e não a todos os terceiros relevantes, apesar dos interesses destes terem de ser tidos em conta na

[185] Ricardo Costa, *Artigo 64.º – Deveres Fundamentais*, in AAVV, *Código das Sociedades Comerciais em Comentário*, Vol. 1, 2.ª ed., Almedina, Coimbra, 2017, pp. 765 e 766.cinzentas q necessitam de ser clarificadas. ma norma que proteja os stakeholdrs. - Principles greements'das

[186] Coutinho de Abreu, *Responsabilidade Civil dos Administradores...*, p. 25. Este dever genérico merece concretização. Aponta, assim, Coutinho de Abreu, que ele há de materializar-se *(1)* num comportamento correto dos administradores ao contratar com a sociedade, *(2)* em não concorrer com ela, *(3)* em não usar em seu proveito oportunidades de negócio societárias, *(4)* em não se apropriar de bens e informações da sociedade e *(5)* em não abusar do estatuto/ posição de administrador... Na mesma obra, veja-se em específico as páginas 26-34.

[187] Fátima Gomes, *Reflexões em torno dos deveres...*, p. 556.

definição do interesse da sociedade[188], isto é, apesar de o interesse social englobar, seja em que medida for, interesses de sócios e de não sócios. Estes deveres emergem fundamentalmente da relação interna do administrador com a sociedade, ainda que tenham reflexos na relação externa com outros sujeitos.[189]

O dever de lealdade, de prosseguir o interesse social, é devido à sociedade e ele consistirá no dever de prosseguir ou realizar a maximização sustentável do valor da empresa social como um todo, a longo prazo, atendendo aos interesses de outros sujeitos relevantes para a sustentabilidade da sociedade. Esta é a ponderação exigida. Afirmar isto é diferente de afirmar que se consagra uma obrigação de realizar todos aqueles interesses, uma *obrigação de servir a dois amos*, que seria insuportável de cumprir. Apesar de apresentar manifestações especificas, o dever de lealdade há de, genericamente, ter a sua bitola limitada pelo interesse da sociedade – e o interesse da sociedade obriga a que se atenda aos interesses de outros sujeitos relevantes para a sua sustentabilidade.

A tomada de decisão dos administradores obriga a que se confrontem interesses antagónicos, conflituantes, pelo que

desenvolver negócios, por um lado, e tentar proteger os interesses de todos os stakeholders e ser minucioso no cumprimento de todas as regras, por outro lado, é quase como fazer habilidades circenses com ovos...[190]

Parece, no entanto, haver uma subalternização de interesses. O preceito oferece uma visão alargada sobre o interesse social – um elemento que se deve apurar num horizonte temporal razoavelmente alargado, não apenas em circunstâncias momentâneas, numa ou outra tomada de decisão. No entanto, os interesses dos *stakeholders* parecem ter sido subalternizados em relação aos interesses dos sócios – isto é claro se atentarmos no facto de o administrador ter de imperativamente *"atender"* aos interesses dos sócios e de tão só ter de *"ponderar"* os interesses dos restantes

[188] Neste sentido: COUTINHO DE ABREU, *Curso de Direito Comercial...*, p. 291, RUI PINTO DUARTE, *Os Deveres dos Administradores...*, pp. 84 e 85; MENEZES CORDEIRO, *Direito das Sociedades...*, pp. 783 e 784, CATARINA SERRA, *Entre corporate governance e corporate responsibility.*, p. 250, CATARINA SERRA, *O Novo Direito das Sociedades...*, p. 164.

[189] RICARDO COSTA, *Artigo 64.º...*, p. 766.

[190] RUI PINTO DUARTE, *Os Deveres dos Administradores...*, p. 76.

sujeitos. Lida-se bem com esta subjugação de um interesse por outro. Os sócios continuam, no ensinamento de FÁTIMA GOMES[191], que subscrevemos, a ser quem aporta bens à sociedade e suporta o risco da sua perda; eles investem o seu capital, impulsionam a atividade empresarial e sobre eles recai o risco de não ganharem com o investimento que fizeram. Assim, é ao seu interesse que deve ser dada primazia – é a ele que é dada primazia – quando, em simultâneo, não é possível satisfazer os (conectados) interesses de outros sujeitos relevantes.[192]

A norma, nos termos em que é formulada, dá clara prevalência aos interesses comuns dos sócios em relação aos outros. Este é o interesse (social) em que, em primeira linha, hão de se focar os administradores – dizer isto é dizer que os administradores hão de, em primeira linha, prosseguir os interesses lucrativos dos sócios como um todo.

Não falamos, então, de todo e qualquer interesse – o administrador não pode prosseguir, por exemplo, o interesse de um ou outro investidor no que diz respeito à maximização dos seus objetivos (lucrativos) curto prazistas. Primeiro, porque este interesse não tem estabilidade temporal (e o legislador quer atender à estabilidade, à relação duradoura e sustentável)[193] e, depois, porque estes interesses não são sociais, o interesse social não é o interesse de um ou de outro sócio, mas do grupo de sócios como um todo em obter valor, no longo prazo, para a sociedade. Atente-se, todavia, que os administradores devem vetar a prossecução de um interesse que manifestamente atente contra os *stakeholders*, quando a satisfação dos interesses dos sócios implica um *sacrifício desproporcionado e eticamente intolerável* aos interesses dos *stakeholders*.[194]

[191] A A. considera, portanto, que o interesse social em Portugal, há de ser o de maximizar o lucro para os acionistas, mas com a obrigação de tomar em conta interesses conectados de outros sujeitos, adotando-se uma visão temporalmente alargada. FÁTIMA GOMES, *O Direito aos Lucros...*, pp. *112-114*.

[192] Sobre a primazia dos interesses dos sócios e os seus fundamentos, vide, também, PAULO CÂMARA, *O governo das sociedades e os deveres fiduciários dos administradores...*, pp. 174 e ss. Há um interesse primário a vincular os administradores – o interesse dos sócios – e um interesse que será secundário, que deve ser meramente ponderado. Em caso de choque é, portanto, *o interesse de longo prazo dos sócios que deve prevalecer.*

[193] CATARINA SERRA, *O Novo Direito das Sociedades...*, p. 165.

[194] CATARINA SERRA, *Entre corporate governance e corporate responsibility...*, p. 245.

Assumida esta prevalência, continuamos, no entanto, sem ter condições para determinar qual o alcance e a medida de ponderação dos interesses de terceiros e a relevância que assumem. É que, note-se, ainda que os sócios prevaleçam sobre terceiros, eles não prevalecem sobre o interesse da sociedade. Só em concreto se pode compreender e satisfazer o interesse social e ponderar da melhor maneira os interesses em questão e, muitas vezes, em conflito.[195]

IV. Como interpretar a alusão da lei aos *interesses de outros sujeitos relevantes para a sustentabilidade da sociedade*?

Para uns, o que aqui se consagra é uma mera advertência, uma exortação ao administrador e não um dever. O que está em causa, na lei, será uma persuasão para que, *na medida do possível*, sejam ponderados os interesses de terceiros, entre os quais os trabalhadores, os clientes e os credores.[196]

Há, realmente, reservas quanto à utilidade do preceito, nomeadamente em relação à sua última parte. Os credores, enquanto sujeitos a quem a sociedade deve, não são importantes para a manutenção e desenvolvimento da sociedade – é um facto[197] – e os seus interesses já serão suficientemente tutelados por outras normas. Os clientes serão sempre tidos em conta, na medida em que a subsistência e o desenvolvimento da sociedade depende da promoção dos seus interesses (contudo, os clientes não estarão em primazia face aos sócios). Quanto aos trabalhadores, a questão é duvidosa – a lei laboral não é suficiente para tutelar os seus interesses, nem tudo é regulado em convenções coletivas de trabalho. Há espaços de discricionariedade que os gerentes deverão preencher nos termos do art. 64.º/1. Assim, apesar do *conteúdo positivo quase nulo* da

[195] Rui P. Dias; Mafalda de Sá, *ob. cit.*, p. 39.

[196] Catarina Serra, *O Novo Direito das Sociedades...*, p. 165.

[197] Catarina Serra indica, bem, que enquanto a empresa está solvente, não se afigura necessária uma referência legal aos interesses dos credores. Por outro lado, quando insolvente, é importante atender especialmente aos interesses destes; é importante tê-los em atenção redobrada para efeitos da atuação compatível com o interesse social. É que, com efeito, em situação de insolvência o património social é, na prática, dos credores – decisões prejudiciais aos interesses dos credores, sê-lo-ão quanto ao interesse social. Catarina Serra, *O Novo Direito das Sociedades...*, pp. 167 e 168.

norma, ela tem alguma relevância prática, pelo menos quanto aos interesses dos trabalhadores.[198]

Rui Pinto Duarte indica que a referência a estes interesses, os de longo prazo dos sócios e os de terceiros, não se destina a proteger interesses alheios, nos termos do art. 483.º/1 do CCivil; estes serão meros elementos a levar em consideração na definição do interesse social. A proteção e satisfação destes interesses será meramente reflexa e a sua violação não pode dar azo a responsabilidade civil.[199]

Catarina Serra, numa visão semelhante, afirma que a norma traz a penetração de dimensões éticas no mundo societário – a tal persuasão para que os administradores atuem de modo diferente, para que deixe de estar enraizada a criação de valor no curto prazo para os sócios. Pretende-se, em primeira linha, que os administradores, entre várias opções, optem por aquela que melhor compatibiliza todos os interesses em confronto; agora, isto é difícil de alcançar – portanto, numa ótica de razoabilidade, o dever é o de ponderar de modo adequado todos os interesses numa determinada situação, para, em última instância, evitar que os interesses lucrativos dos sócios são prosseguidos com largo prejuízo para algum daqueles sujeitos. Assim, para a A., o interesse social é o o interesse comum dos sócios e o que se alterou foi o modo de satisfazer esse interesse.[200]

Para Menezes Cordeiro não há sentido útil na parte da norma que obriga à ponderação de interesses dos *stakeholders*. Atender a estes interesses é já considerar a globalidade do ordenamento jurídico... Será? Num ordenamento jurídico onde impera uma cultura de não consideração dos trabalhadores na governação societária?[201] Para além disto, o A. indica que a norma, ao mencionar os interesses longo prazo, já englobou, no interesse social, os interesses de curto e médio prazo. O interesse social será, assim, o interesse comum dos sócios, seja esse interesse de curto, médio ou longo prazo.[202] Na mesma senda, subscrevendo a posição

[198] Coutinho de Abreu, *Curso de Direito Comercial...*, pp. 285-287.

[199] Rui Pinto Duarte, *Os Deveres dos Administradores...*, p. 84.

[200] Catarina Serra, *O Novo Direito das Sociedades...*, p. 166.

[201] Paulo Câmara, *O governo das sociedades e os deveres fiduciários...*, p. 177.

[202] Menezes Cordeiro, *Direito das Sociedades...*, pp. 784 e 785 e Menezes Cordeiro, *Os deveres fundamentais dos administradores...*, p. 41 e 42. O A. liga o preceito ao regime da cogestão

do A., há quem indique que a consideração de interesses de terceiros só deve ser avaliada caso seja *relevante para o interesse social tomado como interesse comum dos sócios.*[203]

Na atual Escola de Coimbra, SOVERAL MARTINS apresenta uma visão contratualista do interesse social e afirma que discursos institucionalistas são incompatíveis com uma *economia capitalista de mercado* e *podem ter como resultado a ocultação da realidade*; de um lado haverá um interesse – o social, interesse comum dos sócios – e, de outro lado, outros interesses (que exigem ponderação). Apesar desta consideração, o A. considera que há coisas a mudar na lei.[204]

COUTINHO DE ABREU, por sua vez, considera que o interesse social, tal qual exposto no art. 64.º, terá de ser o resultado da conjugação dos interesses (comuns) dos sócios e de outros sujeitos ligados à sociedade, nomeadamente os trabalhadores. Mesmo que os interesses dos sócios prevaleçam e que estes terceiros não possam dar aso à responsabilidade dos administradores por violação deste dever.[205] Também assim consideramos.[206]

previsto no Direito alemão e que seria, entre nós, consagrado por força da 5.ª Diretriz a que nos referimos já; a Diretriz não avançou, mas a referência ficou. No entanto, a referência aos trabalhadores vai muito para lá do regime de cogestão que, eventualmente, se pretendia consagrar; a referência vai para lá das sociedades anónimas com conselho geral e direção (a estrutura germânica). Veja-se PAIS DE VASCONCELOS, *ob. cit.*, p. 301.

[203] VÂNIA PATRÍCIA FILIPE MAGALHÃES, *ob. cit*, pp. 412 e 413 e JOSÉ FERREIRA GOMES, *Responsabilidade Civil dos Administradores: Ilicitude e Culpa*, in AAVV, *Administração e Governação das Sociedades*, Almedina, Coimbra, 2020, pp. 284-287.

[204] ALEXANDRE DE SOVERAL MARTINS, *Administração de Sociedades Anónimas e Responsabilidade dos Administradores*, Almedina, Coimbra, 2020, pp. 233-237.

[205] COUTINHO DE ABREU, *Curso de Direito Comercial...*, pp. 285-287 ou COUTINHO DE ABREU, *Deveres de Cuidado e de Lealdade dos Administradores e Interesse Social* in AAVV, *Reformas do Código das Sociedades*, Colóquios do IDET, N.º 3, Almedina, Coimbra, 2007, pp. 42-46. Em sentido semelhante quanto à consideração dos interesses dos trabalhadores, vide PAIS DE VASCONCELOS, *ob. cit.*, pp. 300 e ss. Do mesmo modo, PEDRO J. MAGALHÃES, *ob. cit.*, pp.111 e ss. e PAULO OLAVO CUNHA, *ob. cit.*, pp. 125 e 126.

[206] Para mais uma reflexão crítica e profunda sobre as concretizações do interesse social na doutrina portuguesa, vide ainda: PAIS DE VASCONCELOS, *ob. cit.*, pp 293 e ss.

V. Numa palavra, para lá de referências genéricas aos interesses de terceiros, a atuação de um *administrador ordenado, diligente e leal ao interesse social*, implica que este crie valor para a sociedade a longo prazo, em benefício dos sócios, mas fazendo uma ponderação em relação às consequências que uma determinada decisão de gestão empresarial vai ter nos trabalhadores – sobretudo nestes –, nos clientes, nos fornecedores, etc. Não é que os administradores tenham de aferir todos os interesses, de todos os terceiros. Eles devem guiar-se por um conceito objetivo e autónomo de interesse social, que deve ser aferido e ponderado em cada situação concreta[207] – há uma necessária averiguação a fazer em cada caso concreto sobre se uma decisão, tomada de acordo com o interesse comum dos sócios (o interesse lucrativo) vai lesar o património da sociedade, vai colocar em causa a sua rentabilidade, sustentabilidade, conservação e, em última linha, existência; e há uma reflexão quanto ao impacto que a decisão vai ter em terceiros que é, também, necessária. Em casos de manifesto prejuízo para esses terceiros, um administrador ordenado, diligente e leal ao interesse social, não deve tomar tal decisão.

Esta é o sentido que a relevância e a consideração de interesse de não sócios no Direito positivo português deve levar.

Uma última palavra, sobre o assunto, para afirmar que a lealdade, o dever de prosseguir este interesse social, há-de estar sempre balizada pela lei. O interesse social é sempre um interesse lícito, que se deve alcançar por meios lícitos, dentro da legalidade. *Não há lealdade protegida contra a lei*, pelo que o administrador não pode atuar ilicitamente em nome do interesse social, atuar contra a lei para beneficiar a sociedade.[208]

2.3. Ponto de situação

I. Exige-se um recuo no nosso pensamento. Retornemos ao problema que nos propusemos enfrentar. Nem só de lucro pode viver a sociedade; é urgente combater as fitas curto prazistas dos sócios, sobretudo dos inves-

[207] FERNANDO CARBAJO CASCÓN, *ob. cit.*, pp. 263 e 264. Em sentido igual, entre nós, PEDRO PAIS DE VASCONCELOS, *Responsabilidade civil dos gestores das sociedades comerciais*, DSR, 1, Vol. 1, 2009, p. 19.

[208] Se o fizer pode ser responsabilizado por danos causados à sociedade e destituído com justa causa... COUTINHO DE ABREU, *Corrupção privada, bom governo...*, pp. 389 e 390.

tidores, que podem colocar em causa a sustentabilidade a longo prazo da sociedade e os interesses dos que com ela se relacionam; a sociedade não pode ser instrumentalizada para que eles alcancem objetivos lucrativos que não têm em conta a atividade e o objeto sociais. É certo.

Para isto, então, terão os administradores que observar certos deveres legais – uns de caráter mais determinado, outros de caráter geral –, atuar de acordo com o interesse social nos moldes em que observámos. A boa governação depende, também, do cumprimento destes deveres; os administradores terão de estar vinculados ao interesse social e esta vinculação promove a boa governação. Sugerimos, aliás, uma interpretação do interesse social com um enclave mais institucionalista, que vá ao encontro dos objetivos visados pelos mecanismos de bom governo das sociedades e pela responsabilidade social das empresas, que torna realidade os princípios económicos básicos do Estado social no funcionamento das empresas. Estes princípios obrigam não só ao cumprimento da legalidade estabelecida, mas, outrossim, a um comportamento responsável, fundado em valores éticos.[209]

Assumimos que o administrador deve prosseguir os interesses da sociedade (para lá de meros interesses dos sócios). Ele decide em cada momento a conjugação de interesses de sócios e *stakeholders* ou estes serão um limite externo imposto? Repare-se na contradição – o interesse social há de ser realizado pelos administradores em concreto; a decisão sobre que interesses satisfazer cabe a órgãos sociais que são, pelo menos no ordenamento jurídico português, nomeados e destituídos pelos sócios. Daqui resulta, outrossim, a internalização da primazia acionista, a interpretação, por parte da administração, de que os interesses a satisfazer são meros interesses dos sócios, em obter lucros no máximo curto prazo possível.

Em sentido objetivo, entendemos que o interesse social terá de ser mobilizado de acordo com regras jurídicas – regras essas que têm de ser claras, estritas e constitucionais (elas podem restringir, por exemplo, a livre iniciativa económica).[210] A assimilação de interesses de *stakeholders*, que merecem ser considerados, deve estar contida em regras jurídicas.

209 Na senda de Fernando Carbajo Cascón, *ob. cit.*, p. 263.

210 Menezes Cordeiro, *Os deveres fundamentais dos administradores...*, p. 39.

Criando mais deveres? Concretizando melhor os já existentes? A última opção parece a mais sensata e esta sensatez é confirmada por trabalhos recentes.

II. A agenda da União Europeia anda por aqui. As Instituições Europeias têm trilhado caminho no sentido de resolver estes problemas, entre as sociedades dos seus Estados-Membros.

Num primeiro estudo solicitado à EY, a Comissão Europeia pretende clarificar dificuldades e averiguar possíveis soluções e atuações a nível legislativo e não legislativo.

A EY identifica que um dos grandes contributos, talvez o primordial, para o *short-termism* é, já o vimos, uma interpretação dos deveres dos administradores e do interesse social de forma restrita, com tendências de favorecimento para a maximização do valor acionista no curto prazo. Reconhece-se que as referências aos deveres dos administradores e ao interesse social não são claras, o que dá azo a interpretações que priorizam os interesses dos acionistas em detrimento dos interesses de longo prazo da sociedade, tendo em vista a prevalência da *shareholder primacy norm*. Para além disto, a identificação e a mitigação de riscos e impactos na sustentabilidade são fenómenos raros.[211]

As propostas de atuação variam entre intervenções não legislativas e/ou de *soft law* e intervenções de *hard law*. No primeiro campo, será tarefa da Comissão *(a)* liderar campanhas de sensibilização que esclareçam que, ao agir no interesse da sociedade, os administradores devem equilibrar, a par dos interesses dos acionistas, os interesses de longo prazo da sociedade – numa visão que esteja entre 5 e 10 anos –, os interesses de trabalhadores, dos clientes, do meio ambiente e da sociedade em geral. Depois, *(b)* a Comissão deve promover o princípio de que identificar e mitigar riscos e impactos na sustentabilidade faz parte do dever de cuidado dos administradores.

Num segundo nível, a Comissão deverá fornecer recomendações que permitam uma interpretação uniforme dos deveres dos administradores e do interesse social aos Estados-Membros. Recomenda-se aos Estados-

[211] EUROPEAN COMMISSION DG JUSTICE AND CONSUMERS; EY, *ob. cit.*, pp. 61 e ss.

-Membros que *(a)* esclareçam, nos quadros nacionais, que ao atuar, os administradores devem equilibrar interesses (nos moldes da proposta que acabámos de enunciar) e *(b)* que introduzam um dever explícito de identificar e mitigar riscos na sustentabilidade, interna e externa, nomeadamente nas operações de negócios e nas cadeias de produção.

A nível legislativo, recomenda-se que a Comissão faça uma proposta de Diretiva que formule em toda a UE os deveres dos administradores e o interesse social, exigindo, mais uma vez, que *(a)* os administradores equilibrem interesses nos moldes a que o Estudo alude e que *(b)* eles identifiquem e mitiguem riscos relativos à sustentabilidade. Esta é a via apontada como mais efetiva.[212]

As Instituições Europeias parecem ter acatado as recomendações. Em 2021 o Parlamento Europeu elabora uma Resolução que recomenda a adoção de uma Diretiva sobre o dever de diligência das empresas e a responsabilidade empresarial, que engloba estas matérias. Tal proposta de Diretiva foi publicada pela Comissão, em fevereiro de 2022. Teremos de apurar o caminho que a Diretiva nos obriga a fazer. Não obstante, a sua adoção é satisfatória, uma vez que ela eleva padrões normativos.

Mas, a verdade é que num mundo de concorrência global, é complicado impor deveres às sociedades europeias quando, por exemplo, as americanas não estarão subordinadas às mesmas exigências. A União Europeia tem condições para avançar, mas a intervenção deve dar-se a nível global? Ao nível da OCDE? Ao nível da ONU? Conciliando vários projetos?

III. Há, igualmente, projetos das Nações Unidas neste âmbito, estando em preparação um Tratado internacional – no domínio do *Business and Human Rights*; trata-se do agora denominado *Third Revised Draft*. Entre outras coisas, aqui pretende-se avançar com uma responsabilização, de pessoas físicas e jurídicas, por violações de direitos humanos, prescrevendo o art. 8.º (8.1.) que os Estados que ratificarem o Tratado devem assegurar que o seu Direito interno estabelece um sistema, abran-

[212] Para uma análise detalhada das propostas feitas pela EY, nomeadamente quanto à resolução de outros problemas que contribuem para o *short-termism*, vide, em geral, European Commission DG Justice and Consumers; EY, *ob. cit.*, pp. 51-60.

gente e adequado, de responsabilidade civil para pessoas que exercem atividades comerciais dentro do seu território, jurisdição ou sob o seu controlo, nomeadamente por violações aos direitos humanos que resultem dos seus negócios.

Mais: (8.6.) Os Estados Parte do Tratado deverão prever, no seu Direito interno, a responsabilidade das pessoas físicas e das pessoas jurídicas, mormente das sociedades, que exerçam atividades comerciais, por estas não impedirem que outra pessoa (física ou jurídica), com a qual tenham mantido relações comerciais, cause ou contribua para abusos nos direitos humanos, quando aquele controla, administra ou supervisiona essa pessoa ou a atividade que causou ou contribuiu para tal abuso.

Há um reporte claro, nesta sede, à sociedade, às relações de grupo das sociedades e aos membros dos órgãos que gerem a sociedade.[213]

IV. O veículo para a mudança tem que ser, pelo menos, uma regulação legislativa forte a nível comunitário, que tenha impactos verdadeiros nas empresas da UE. Os códigos de conduta têm sido ineficazes, comportam riscos e são inconsequentes, não acarretam sanção. O empoderamento dos *stakeholders* é necessário para que estas questões comecem a ser verdadeiramente tidas em consideração pelas sociedades, e ele só será possível mediante uma reforma legislativa. Há pelo menos um grupo de *stakeholders* cuja tutela de interesses é praticamente consensual – os trabalhadores. Pelos menos estes têm de poder reagir judicialmente contra a violação dos seus *direitos e interesses*. E *porque não admitir o direito de os trabalhadores elegerem representantes para o órgão de administração ou de fiscalização da sociedade, ou de outro órgão social?*[214]

Realmente, *insuflar* os deveres gerais já existentes com mais interesses, de mais interessados, não parece solução. Quantos maior é a ponde-

[213] Traduções nossas.
Servimo-nos do *OEIGW Chairmanship Third Revised Draft*, de 17 de agosto de 2021, disponível em: https://www.ohchr.org/sites/default/files/Documents/HRBodies/HRCouncil/WGTransCorp/Session6/LBI3rdDRAFT.pdf e de Rui P. Dias, *Sustentabilidade e os interesses dos não sócios na gestão das sociedades*, in AAVV, *VI Congresso Direito das Sociedades em Revista*, Almedina, Coimbra, 2022, pp. 413 e 414.

[214] Coutinho de Abreu, *Estado de direito e empresa...*, pp. 26 e 27.

ração exigida, menos se pondera. Posto isto, parecem existir três opções em cima da mesa no que diz respeito ao dever de considerar interesses de não sócios – densificar os deveres gerais já existentes, cravando mais ponderações *(1)*, criar novos deveres específicos *(2)* ou criar um novo nível de deveres sobre a sociedade propriamente dita e não sobre quem a gere *(3)*. A última opção parece ser o nível regulatório a ambicionar, para que se tenham em conta os interesses de terceiros.[215] Agora, elevar padrões regulatórios a este nível implica que se dê poderes aos *stakeholders* para que, simultaneamente, (pelo menos) alguns reajam por verem os seus interesses violados.

3. (In)consequências da violação do interesse social - remissão[216]

I. Ora, o interesse social há de ser a junção de interesses de sócios e de interesses relevantes de não sócios que se relacionam com a sociedade. O institucionalismo está à vista, ainda que de maneira controversa, apesar de o seu impacto ser diminuto e de o contratualismo ainda dominar e influenciar o órgão de administração.

Cumpre questionar – se um administrador atuar sem considerar o interesse social, sem observar o dever de lealdade a que está vinculado, sem levar em conta os interesses dos sócios e sem ponderar os interesses de outros sujeitos relevantes para a sustentabilidade da sociedade, o que sucede?

Entre nós, a resposta poderá estar no art. 72.º do CSC – a norma contém os pressupostos da responsabilidade civil dos gerentes e administradores por atos ou omissões que, na atividade de gestão, sejam ilícitos, culposos e provoquem danos à sociedade.[217] No entanto, não parece que um qualquer *stakeholder* possa fazer uso deste expediente quando um membro do órgão de gestão não atenda aos seus interesses. Na realidade, entre nós, o institucionalismo é *moderado e inconsequente* – é que os interes-

[215] Rui P. Dias, *Sustentabilidade e os interesses dos não sócios...*, pp. 415 e 416.

[216] O assunto será objeto de análise mais detalhada no Capítulo IV, pp. 116 e ss., para o qual remetemos.

[217] Coutinho de Abreu, *Responsabilidade Civil dos Administradores de Sociedades...*, pp. 7-9 e pp 60 e ss., Pedro Pais de Vasconcelos, *Responsabilidade civil dos gestores das sociedades comerciais...*, pp. 21 e ss.

ses dos sócios continuam a prevalecer de maneira muito desproporcional em relação a outros interesses e a não ponderação dos interesses de não sócios não acarreta sanção.[218] Entendendo-se que a al. b) do art. 64.º/ 1 não é uma norma de proteção de terceiros, que não é, estes não terão voz.

O nosso problema central é a falta de meios à disposição destes terceiros, para que efetivem os seus interesses – não há sanção prevista para a violação destes deveres.

O Direito inglês, com uma conceção de interesse social, na Sec. 172, semelhante à do art. 64.º/1, al. b) do CSC, consagra consequências para a violação dos deveres gerais na Sec. 178 do Companies Act de 2006. A subsecção 1 indica que elas são as mesmas previstas para a violação de deveres no horizonte das *Common Law rules* e dos *equity principles*. A subsecção 2 prevê a possibilidade de execução forçada destes deveres, da mesma maneira que os *fiduciary duties* devidos pelos administradores à sociedade. Apesar disto, os *stakeholders* não têm ao seu dispor normas que regulem uma ação própria contra administradores; em caso de violação do *duty to promote the success of a company*, no âmbito que obriga os *directors* a ter em conta os interesses dos *stakeholders*, estes não têm voz. Por isto, entende parte da doutrina e da jurisprudência britânicas que a Sec. 172 não obriga a que se atenda aos interesses dos *stakeholders* e que é uma norma sem efeito útil.[219]

A mobilização do instrumento da responsabilidade civil por parte dos *stakeholders* e os problemas de *enforcement* que o interesse social suscita serão objeto de uma análise mais pormenorizada adiante.

4. Interesse social, sustentabilidade e responsabilidade social

I. Impõe-se uma governação empresarial voltada para a sustentabilidade. Mesmo os céticos em relação ao visível, mas moderado, institucionalismo português o afirmam. Se miram num interesse social que se confunde com os interesses dos sócios, acabam por travar a prossecução dos desígnios destes, por força de outros interesses que, dizem, são exteriores à sociedade.[220] Não dá para fugir das preces da sustentabilidade e do ESG

[218] Coutinho de Abreu, *Curso de Direito Comercial*..., p. 292.

[219] Catarina Serra, *Entre corporate governance e corporate responsibility*..., pp. 231- 233.

[220] José Ferreira Gomes, *Responsabilidade Civil dos Administradores*..., pp. 285-287.

– parece que, hodiernamente, nem os contratualistas conseguem escapar ao rumo que levamos, bem, nestas questões.

Quando dizemos que se impõe uma governação sustentável, temos vertida uma ideia, pelo menos no Direito português, de durabilidade. O próprio art. 64.º/1, al. b) alinha com este pensamento, ao indicar que os interesses dos sócios a levar em consideração são os de longo prazo[221] – não que os de curto e médio prazo sejam irrelevantes, como, eventualmente, se possa pensar que defendemos. Eles são, sim, subjugados, dominados, refreados pelos interesses de longo prazo, por serem estes os interesses comuns dos sócios, enquanto tais, e aqueles que a gestão tem de satisfazer para que a sociedade prospere (e, consequentemente, se satisfaçam, também, interesses mais curto prazistas de investidores). Entendemos, assim, que a sustentabilidade empresarial há de ser um mecanismo através do qual se garante a longevidade, a durabilidade, a viabilidade e o progresso da empresa e da sociedade comercial.

A sustentabilidade, tal qual vertida no art. 64.º do CSC, é, portanto, pelo menos, uma sustentabilidade intra societária – visa-se a durabilidade da sociedade no tempo, no longo prazo, e atender a desígnios de não sócios é propício a esta durabilidade. Falamos, aqui, do *impacto da sustentabilidade na sociedade.* Por sua vez, questiona-se se a sustentabilidade deverá ser, também, extra societária – aliás, tipicamente, associa-se mais a sustentabilidade ao extra societário, à responsabilidade social, ao impacto que as sociedades produzem no meio em que estão inseridas. Falamos, portanto, do impacto das empresas na sustentabilidade.[222]

Há, entre nós, defensores de uma sustentabilidade bilateral, que escape dos interesses intra societários, porque a sociedade terá impactos noutros âmbitos e não só nas pessoas que contribuem para a sua sustentabilidade.[223] Parece ser esta a *ratio* da questão – visa-se atender aos interesses de sujeitos e aos interesses de realidades que podem ser prejudicados e afetados pela sociedade, porque atender a esses interesses é

[221] Rui P. Dias, *Sustentabilidade e os interesses dos não sócios...*, p. 408.

[222] Rui P. Dias; Mafalda de Sá, *ob. cit.*, pp. 73 e 74, Rui P. Dias, *Sustentabilidade e os interesses dos não sócios...*, p. 408.

[223] Defendendo tal posição, vide Pedro Pais de Vasconcelos, *Responsabilidade civil dos gestores das sociedades comerciais...*, pp. 20 e 21.

positivo para eles e para a sociedade comercial. A sustentabilidade comparece, então, em duas vertentes distintas.

II. Na verdade, a durabilidade (leia-se, a sustentabilidade) da sociedade é propícia ao desenvolvimento sustentável, globalmente considerado, e pode ser um pilar deste. É que práticas abusivas de governação societária, práticas que apenas visam obter retornos financeiros de curto prazo para os sócios, terão consequências, mais das vezes, sociais e ambientais, para além de prejudicarem a existência da sociedade-instituição. Orientar a governação da sociedade comercial para o longo prazo é, portanto, uma mais valia para si e para o tão desejado desenvolvimento sustentável.

Mas, o que é governar tendo em vista os interesses de longo prazo dos sócios? O que é o longo prazo e que interesses são de longo prazo? Como balizar, temporalmente, os interesses de longo prazo? A concretização do horizonte temporal a ter em conta é árdua, mas cumpre tentar estabelecer uma fronteira entre o curto e o longo prazo e há que definir a referência que mede tais períodos. Um acionista de longo prazo será, certamente, aquele que se interessa pela vida da sociedade, pela sua atividade, que não visa *sistematicamente* obter mais valias no imediato; esse interesse deve manter-se durante quanto tempo? Investimentos e interesses de curto prazo serão, certamente, os dos *acionistas especuladores, que compram hoje e vendem amanhã*[224], ou os dos investidores institucionais, que procuram rentabilizar e maximizar rapidamente o valor das ações que gerem e detêm. Em igual sentido, são interesses de curto prazo os de administradores designados por um período curto e que, por exemplo, são remunerados em *stock options.*[225] São estes alguns dos interesses que atentam contra a sustentabilidade a longo prazo da sociedade.

Ora, a verdade é que não há entendimento quanto ao horizonte temporal que permite a avaliação deste longo prazo. Ainda assim, o longo prazo não há de ser um prazo *longo, longo.* Aliás, o longo prazo parece ser um prazo, mais ou menos, curto. O *Institut français de gouvernement des entrepris*

[224] Pedro Pais de Vasconcelos, *Responsabilidade civil dos gestores das sociedades comerciais...*, p. 20.

[225] Coutinho de Abreu, *Curso de Direito Comercial...*, pp. 288 e 289, nota 694.

entende que o interesse de longo prazo dos sócios há de corresponder a um período, de participação na sociedade, que vai de dois a cinco anos[226]; em grande parte da literatura económica assume-se que um determinado investimento de longo prazo é aquele que vá para lá de três anos[227]; no Estudo elaborado pela EY à Comissão Europeia, indica-se que os interesses de longo prazo da sociedade são os compreendidos entre cinco e dez anos.[228] Tendo em conta o *high frequency trading* – as negociações de alta frequência (hoje há transações de ações todos os dias e, portanto, podem ocorrer mudanças na estrutura acionista todos os dias; nestes casos, certamente que um investimento com o horizonte de um ano é um investimento de longo prazo...) –, tendo em conta que, em geral, entre nós, os administradores são designados por um prazo máximo de quatro anos (art. 391.º/3 do CSC), por se entender ser esse o período adequado para que estes possam impor uma agenda e aplicar reformas, julgamos que os interesses de longo prazo dos sócios são aqueles que hão de estar compreendidos num período temporal que varia entre dois e cinco anos.

Um interesse de longo prazo de um sócio corresponderá, portanto, a um empenho deste na vida societária, à sua participação na vida societária, num espaço temporal que há de ir de dois a cinco anos.

III. Não há como escapar à necessidade de integração de mecanismos que garantam a *sustentabilidade na/ da sociedade*, por força das regras jurídicas em vigência. Considerar os interesses da sociedade e os interesses de longo prazo dos sócios, nos moldes em que vimos, implica a assunção de medidas que garantam a longevidade da sociedade. Haverá um ou outro investidor e algumas instituições financeiras a clamar pela integração de fatores ESG; há riscos pela não integração destes fatores, que têm de ser considerados. No que diz respeito à sustentabilidade extra societária, ao impacto das empresas, da sua sustentabilidade na sustentabilidade globalmente considerada, tem sido, como vimos, repensada a vinculação aos

[226] *Ibid.*

[227] Mario Stella Richter Jr, *Long-termism*, *RS*, 2021, p. 43. Disponível em: https://www.academia.edu/45120375/Long_Termism

[228] European Commission DG Justice and Consumers; EY, *ob. cit.*, p. 52 e pp. 79 e ss.

interesses de *stakeholders*, no âmbito de deveres do órgão de gestão.[229] Um interesse social de cariz mais institucionalista, que atenda a interesses relevantes – uns relevantes para a sustentabilidade da sociedade, outros relevantes para sujeitos/ realidades que se relacionam com a sociedade – de não sócios, está entre a *corporate governance* e a responsabilidade social das empresas. A responsabilidade social apregoa que as empresas deverão contribuir para a coesão social-geral e para o equilíbrio ecológico; mas, ela não é um dever jurídico, não é imperativamente imposta. É uma mera promessa que as empresas voluntariamente assumem, ou são pressionadas a assumir, que não acarreta sanção, na mesma senda do (atual) interesse social institucionalista.[230]

O que temos vindo a afirmar em sede de interesse social, de interesses de *stakeholders*, contende com aquilo que se pretende que seja um desenvolvimento sustentável – um desenvolvimento que satisfaça as necessidades do presente, sem comprometer a capacidade das gerações futuras de suprir as suas próprias necessidades.[231] Este desenvolvimento tende, no âmbito empresarial, a ser dividido em três pilares, um *triple-bottom line – people, planet, profit* – que molda os movimentos de responsabilidade social das empresas.[232]

Tendo como premissa a ideia de que as sociedades comerciais são realidades económicas e sociais, para lá de realidades jurídicas, que impactam na comunidade em diversos níveis, a sustentabilidade empresarial será o resultado da conjugação do desenvolvimento sustentável, da responsabi-

[229] Para mais desenvolvimentos, Rui P. Dias; Mafalda de Sá, *ob. cit.*, pp. 79 e ss.

[230] Coutinho de Abreu, *Curso de Direito Comercial...*, pp. 292 e 293. Para uma detalhada análise dos movimentos de responsabilidade social: Catarina Serra, *A Responsabilidade Social das Empresas – Sinais de um instituto jurídico iminente?*, in AAVV, *Estudos em Homenagem ao Prof. Doutor Manuel Henrique Mesquita*, Stvdia Ivridica 06, BFDUC, Coimbra Editora, Coimbra, 2009, pp. 835 e ss.

[231] Nações Unidas, Repo*rt of the World Commission on Environment and Development: Our Common Future* (Relatório Brundtland), 1987, apud Rui P. Dias; Mafalda de Sá, *ob. cit.*, p. 49.

[232] Beate Sjåfjell, Christopher M. Bruner, *Corporations and Sustainability*, in Beate Sjåfjell, Christopher M. Bruner (eds.), *The Cambridge Handbook of Corporate Law, Corporate Governance and Sustainability*, Cambridge University Press, Cambridge, 2020, p. 7.

lidade social, das teorias dos interesses dos *stakeholders* e da *accountability* empresarial.[233]

Ao mesmo tempo, a *stakeholder theory* parece ser, entre aquelas, a realidade com alguma tradução jurídica - apesar de nem ela ser formulada nos melhores termos (desde logo, porque não abarca todos os interesses de todos os grupos de pessoas que são efetivamente afetados pelas decisões empresariais, pessoas que, por exemplo, são afetadas pelos danos produzidos pelas cadeias de valor nalguma comunidade...).[234] É por isto que é necessário elevar os padrões de regulamentação. As empresas, ao atuarem, *fazem os demais pagar pelo seu impacto* (produzem externalidades, certamente, algumas, negativas) e essa vocação das empresas tem que ser contida pela lei.[235]

O atual sistema *jus societário* (de *corporate governance*) tem de abarcar as relações da empresa com os *stakeholders*; tem de colocar à disposição destes meios que possibilitem a consideração dos seus interesses na definição das decisões estratégicas da empresa. É necessária uma complementaridade entre *soft law* e *hard law* para que estas estratégias sejam asseguradas. Mas, importa não ser vago, é necessário ser preciso na caraterização destes fenómenos.

IV. A pressão de que as empresas atuem eticamente, em prol da sustentabilidade - da sua, mas não só –, tendo em conta interesses que vão para lá dos interesses de sócios, aparece de todos os lados e está a obrigar a mudanças. A sustentabilidade empresarial tem, no presente, manifestações e concretizações muito específicas que nos cumpre analisar; ela há de ser garantida por uma série de mecanismos, uns já implementados - com melhor ou pior sucesso –, outros em fase experimental e de implementação.

A sustentabilidade empresarial vai para lá de um interesse social institucionalista - na verdade, este é uma manifestação daquela. Garantir um desenvolvimento sustentável (da empresa social), é garantir que os

[233] Rui P. Dias; Mafalda de Sá, *ob. cit.*, p. 49.

[234] Beate Sjåfjell, Christopher M. Bruner (eds.), *ob. cit.*, p. 7.

[235] Pedro J. Magalhães, *ob. cit.*, pp. 135 e 136.

interesses dos sujeitos e do meio que com ela se relacionam são levados em linha de conta.

É sobre outros fenómenos que tentam garantir a existência de sustentabilidade empresarial que iremos discorrer nas próximas linhas, com uma reflexão mais teórica e outra de viés normativo, analisando produtos normativos (de *hard* e de *soft law*) que introduzem abertura a estas questões.

Capítulo III
Responsabilidade e sustentabilidade empresarial, sócios e governação

1. Ser ou não ser – a abertura da empresa à sustentabilidade

1.1. Ética e responsabilidade social, ESG e sustentabilidade

I. A grande sociedade anónima, a *giant corporation* (sobretudo), sempre teve duas grandes potencialidades – a de promover o progresso e o desenvolvimento económico e a de provocar danos, com dimensões colossais, ao que a envolve. A preocupação com estes danos *ético-sociais*, provocados pelo exercício de atividades económicas pela sociedade, sempre existiu; é, provavelmente, tão antiga quanto o exercício de atividades económicas em si mesmo.[236]

Para garantir, justamente, que a sociedade atua dentro da decência, entra em cena o Direito. Serão, no entanto, os limites impostos pelos vários ramos do Direito (Societário, Ambiental, Laboral, do Consumidor, etc.) suficientes para tal assegurar? Não parece. O Direito, o sistema jurídico como um todo, não consegue tutelar os interesses de todos os *stakeholders*. Historicamente, a retração da lei quanto à obrigação de uma conduta responsável das empresas, que as faça atuar decentemente, potencializa o sentimento de que o comportamento daquelas deve ir para lá daquilo que as normas ditam.[237]

Aqui entra o discurso da responsabilidade social das empresas... É necessário incutir nas empresas um senso de moralidade e ética para

[236] Para um excurso histórico sobre estas preocupações: Nogueira Serens, *Corporate Social Responsibility: "Vinho velho em odres novos"*, DSR, Ano 5, Vol. 10, 2013, pp. 75-82.
[237] *Ibid.*, p. 85.

que elas próprias, por sua iniciativa, atuem com respeito pelos direitos dos *stakeholders*. É necessário que as empresas, mormente os órgão de gestão e de fiscalização, internalizem que hão de ser produzidos lucros, mas que, para os produzir, não pode haver abusos no ambiente, nos direitos humanos, que é necessário atuar eticamente. Mais: exige-se e espera-se que as empresas sejam responsabilizadas pelos efeitos negativos que produzem em decorrência da sua atividade.[238] Irrompem, assim, os códigos de conduta a que fomos já aludindo.

A ética empresarial impõe, portanto, nos dias que correm, que as empresas atuem para lá dos ditames que lhes são exigidos legalmente – uma representação clara do modo como a responsabilidade social e a ética devem travar as empresas, imobilizar as suas externalidades negativas, tem que ver com os esquemas de engenharia financeira e fiscal que visam deliberadamente baixar ou eliminar a tributação e que impactam negativamente os Estados e as comunidades; a ética impõe, por exemplo, que as empresas não manipulem as bases tributáveis de um imposto e que não empreguem políticas fiscais abusivas, aproveitando as lacunas da lei.[239] Isto significa que as empresas atuam, têm de atuar, para lá do que lhes é exigido legalmente – respeitando o meio ambiente, os direitos humanos, os seus trabalhadores...

A responsabilidade social empresarial é, na nossa visão, uma manifestação da sustentabilidade, a que se referem os sistemas *jus societários*, incluindo o português. Ela corresponde à *sustentabilidade forte*, àquela que exige – como vincam RUI DIAS e MAFALDA DE SÁ, na senda de SJÅFJELL

[238] PEDRO J. MAGALHÃES, *ob. cit.*, pp. 135-139.

[239] A *Starbucks*, no Reino Unido, é um exemplo claro destas práticas. Houve várias campanhas de boicote à empresa porque, em 15 anos de operações no Reino Unido, a sociedade pagou impostos sobre os seus lucros apenas uma vez, usando combinações de práticas legais de evasão fiscal... Estas práticas são comuns. Para desenvolvimentos sobre o caso: KATHERINE CAMPBELL; DUANE HELLOLOID, *Starbucks: Social responsibility and tax avoidance*, Journal of Accounting Education, Vol. 37, 2016, pp. 38-60, disponível em: https://doi.org/10.1016/j.jaccedu.2016.09.001

Já em 2022, a SpaceX – Space Exploration Technologies Corp. – despediu trabalhadores por estes terem criticado o CEO da *corporation*. https://www.jornaldenegocios.pt/empresas/tecnologias/detalhe/spacex-despede-trabalhadores-que-criticam-musk

e BRUNER[240] – que as empresas atuem em prol da comunidade ou que, se não atuarem em prol da comunidade, pelo menos não a prejudiquem. A obrigação de atuar em prol de uma sustentabilidade para o exterior – promovendo atividades que vão para lá da atividade social, para beneficiar a comunidade – está, cremos, no âmbito da responsabilidade social das empresas e não lhes é, consequentemente, juridicamente imposta. Assim, parece não haver no Direito uma obrigação de as empresas salvarem o planeta – não se impõe que as empresas desempenhem uma série de ações (de voluntariado, ou de outro cariz social) que contribuam para a sustentabilidade do planeta. O que não significa que elas podem perturbar tal sustentabilidade – não podem.

II. Ora, promover a responsabilidade social empresarial é promover a sustentabilidade a longo prazo da sociedade – a sinergia entre os *stakeholders*, os *shareholders* e a sociedade é uma ambição. Por isto, o seu fomento é positivo, ainda que lhe faltem consequências jurídicas – os códigos de conduta poderão ter algum sentido útil, nomeadamente no que diz respeito a uma primitiva mudança de paradigma quanto à atuação do órgão de administração, para que este deixe de ter internalizada a maximização do valor acionista a qualquer custo. A responsabilidade empresarial parece, no nosso entender, ser a manifestação típica da sustentabilidade *da* sociedade, do impacto que a sociedade tem na sustentabilidade globalmente considerada.

Caberá à sociedade desenvolver atividades de cariz social, humanitário, de voluntariado, a par da atividade económica que esta se propõe desenvolver? A sociedade tem este dever? Poderá ser fixado no contrato de sociedade um objeto social do qual não resultem lucros? Poderá ser fixada a prática de uma atividade que não seja económica? Somos perentórios a responder negativamente. O objeto da sociedade há de ser, entre nós, a prática de uma atividade económica, que não seja de mera fruição e da qual hão de resultar lucros – tal qual como resulta dos arts. 980.º do CCivil e 11.º do CSC; esta atividade há de ser ainda determinada no contrato de sociedade (art. 11.º/2 do CSC).

[240] RUI P. DIAS; MAFALDA DE SÁ, *ob. cit.*, p. 50.

Dizer que se pode fixar como objeto social a prática de atos de voluntariado, de cariz recreativo, social, desportivo, etc., é desvirtuar a figura e a génese da sociedade comercial. A génese da sociedade capitalista, egoístico-lucrativa, não é esta; a sociedade é um meio para o exercício de atividades económicas lucrativas. As atividades a que aludimos só poderão ser objeto das sociedades nos casos em que a sua dimensão económica seja explorada.[241] Isto não implica que a sociedade comercial, a par da atividade económica que se propõe exercer, não tome uma ou outra iniciativa de responsabilidade social; as normas legais não proíbem estes iniciativas – elas podem fazê-lo, é útil que o façam e que se propicie a sua adoção, mas essas atividades não podem ser o objeto da sociedade (já não será assim em relação às associações).

Aliás, aqui parece residir a utilidade das sociedades especiais com fins de "benefício comum", os veículos especiais a que aludíamos anteriormente.[242] É porque o modelo societário geral não permite que se fixe este tipo de atividades como objeto social, que há tendência a afirmar-se que pode haver outras figuras que devem ser regulamentadas e, consequentemente, escapar àquele regime. Sobretudo em ordenamentos – como o americano – em que a maximização do lucro dos sócios em detrimento de outros interesses está tão entranhada no órgão de administração e chega a ser afirmada pela jurisprudência, estas figuras podem ser relevantes.[243]

III. O que pretendemos dizer é que, na ótica da responsabilidade social empresarial, um tal modo de atuar para a sustentabilidade é de adesão voluntária. A responsabilidade social empresarial é uma manifestação não vinculativa da sustentabilidade empresarial, mas potenciá-la e disseminá-la parece-nos útil a todos os tipos societários. Só a ética empresarial e a boa vontade das empresas fundam um tal modo de operar.

A implementação destas práticas poderá ser favorável à sociedade, podendo a sua competitividade e a sua produtividade ser alavancadas (pense-se, por exemplo, na formação de trabalhadores). A Comissão Europeia afirma, até, que tais atividades poderão *resultar num desempe-*

[241] Coutinho de Abreu, *Curso de Direito Comercial...*, pp. 25 e 26.

[242] *Supra* Cap. I, 1.3, pp. 34 e ss.

[243] Alessio Bartolacelli, *Modelos de sociedades "especiais"...*, p. 308 e pp. 355 e ss.

nho, crescimento e capacidade de gerar lucros superiores – quanto mais não seja com a criação de um melhor ambiente de trabalho, com consequências na produtividade dos trabalhadores. Indiretamente, os consumidores e os investidores poderão ter melhores visões sobre a sociedade – consequentemente, a não adesão a práticas que fomentem o bem-estar da comunidade onde a empresa está inserida ou, pelo menos, a adoção de práticas que atentem contra esse bem-estar, poderá gerar riscos reputacionais irreparáveis. Apesar disto, a responsabilidade social empresarial não pode, obviamente, substituir a regulação e a legislação em matéria de direitos sociais ou normas ambientais...[244]

IV. O nos parece extremamente necessário é assegurar uma *sustentabilidade de meios* e não tanto uma *sustentabilidade de fins*, sob pena de, mais uma vez, querermos tudo social e de nada ser social, sob pena de, sendo tantas as exigências, não se garantir a sustentabilidade nem da sociedade (comercial), nem do planeta. Há que atender à maneira como a sociedade desenvolve a sua atividade económica – é sobre isto que temos versado. Mesmo que se reconheça valor na responsabilidade social, na criação de veículos especiais com outros fins que não a prossecução do lucro, haverá sempre um problema relativo à (in)sustentabilidade de outras sociedades.[245]

É preciso garantir, pelo menos, a sustentabilidade *na* atividade da sociedade, a consideração de interesses de outros sujeitos que não sócios – mesmo que isso implique uma redução dos lucros da sociedade. É que, para não perturbar a sustentabilidade globalmente considerada – também a do planeta –, as empresas devem atender à sua própria sustentabilidade e integrar na sua governação fatores que apreciem as questões relativas ao ambiente e aos direitos sociais e humanos.

Neste sentido, em 2005 as Nações Unidas, através do United Nations Environment Programme Finance Initiative (UNEP-FI) e em cooperação com o Global Compact, criam, então, um sistema que permite a integração de *environmental, social and governance* – ESG – *issues*. Foram desen-

[244] Comissão Europeia, *Livro Verde - Promover um quadro europeu para a responsabilidade social das empresas*, 2001, pp. 7 e 8.

[245] Alessio Bartolacelli, *Modelos de sociedades "especiais"...*, pp. 288 e 289.

volvidos os Princípios de Investimento Responsável, que fornecem uma série de critérios para a tomada de decisões relacionadas com o investimento. Com efeito, exige-se que os investidores levem em linha de conta as preocupações ESG, que solicitem a divulgação de informações relativas ao ESG nas empresas em que investem.[246]

V. Ora, a materialização da sustentabilidade empresarial, da consideração de interesses que vão para lá dos meros interesses dos sócios, diz respeito, parece-nos, à integração dos denominados fatores ESG – *Environmental, Social* e *Governance* –, no processo de tomada de decisão do órgão de gestão. Aliás, a integração dos fatores ESG terá, como veremos, consequências nos mercados financeiros e desempenhará um papel importante no combate a fenómenos como o *short-termism*. Bem se vê o papel relevante que terá o órgão de administração neste nível – é ele quem tem de implementar estes fatores na sua tomada de decisão.

Agora, a função do conselho de administração é constrangida pela poderosa norma social que é a *shareholder primacy*. O que retiramos daqui? Que a maximização do valor acionista a qualquer custo, a norma social interiorizada pela administração, é contrária à sustentabilidade empresarial.[247] Portanto, promover a sustentabilidade empresarial, por meio da atuação do órgão de gestão, com a inclusão dos fatores ESG, é romper com as métricas da primazia acionista que levam aos problemas que já levantámos.

Tem de haver uma redefinição do *corporate purpose* e do papel dos deveres fiduciários dos administradores, no sentido de aquele passar a ser o da criação sustentável de valor tendo em conta os *limites planetários*. Propõe-se que esta interpretação conste das regras relativas aos deveres

[246] Stephen J Turner, *Business practices, human rights and the environment*, in AAVV, Elgar *Encyclopedia of Environmental Law*, Edward Elgar Publishing, Inc., Massachusetts, 2016, p. 380.

[247] Não esqueçamos que nenhum sistema *jus societário* advoga que a administração deve focar-se apenas na criação de lucros para os sócios e muito menos que essa criação seja maximizada em detrimento de outras realidades... Beate Sjåfjell, *Realising the Potential of the Board for Corporate Sustainability*, in Beate Sjåfjell, Christopher M. Bruner (eds.), *The Cambridge Handbook of Corporate Law, Corporate Governance and Sustainability*, Cambridge University Press, Cambridge, 2020, pp. 697 e 698.

fiduciários dos administradores.[248] Assim impõe a atual falta de estratégias e perspetivas sobre a sustentabilidade, que não consegue mitigar os riscos relativos a esta.

As referências ESG serão um meio que permite medir o impacto da sustentabilidade propugnada pelas empresas – ao contrário da responsabilidade social, que apenas dita o compromisso de uma empresa para com a sustentabilidade, os fatores ESG permitem medir o impacto desses compromissos. Há, hoje, uma série de agências de notação do risco em matéria de ESG, que disponibilizam dados aos investidores e que avaliam a prestação das empresas nestas matérias.[249]

É por terem esta materialização concreta, que a integração dos fatores ESG nos parece ser um dos meios necessários para garantir, efetivamente, a sustentabilidade na atividade da sociedade – a inclusão destes elementos acabará por impactar no fim máximo do desenvolvimento sustentável; estes fatores *representam a principal manifestação do business case da sustentabilidade.*[250]

1.2. Os riscos financeiros da (in)sustentabilidade empresarial

I. Uma ligação entre a governação societária, a responsabilidade social empresarial e a sustentabilidade empresarial é, hoje, um percurso irreversível – assegura-se que *a empresa bem gerida e bem governada é a empresa responsável e sustentável.* Há consequências claras da afirmação dos fatores ESG pelas Instituições Europeias, nomeadamente nas matérias de governação e de financiamento societário. É inevitável que as empresas que não integrem estas considerações percam o acesso a investimentos e financiamentos de atividades sustentáveis – algo a que alguns investidores parecem estar atentos. Depois, a afirmação do ESG conduzirá a alterações na natureza e na configuração da governação societária.[251]

[248] Beate Sjåfjell, *Realising the Potential of the Board for Corporate Sustainability*..., p. 705.

[249] Thomas Lee Hazen, *Corporate and securities law impact on social responsibility and corporate purpose*, Boston College Law Review, Vol. 62, 2021, pp. 852-855. Disponível em: https://ssrn.com/abstract=3542833

[250] Rui P. Dias; Mafalda de Sá, *ob. cit.*, p. 56.

[251] Abel Sequeira Ferreira, *A Cultura Empresarial no Governo das Sociedades: Breve Introdução*, in AAVV, *Administração e Governação das Sociedades*, Almedina, Coimbra, 2020, pp. 214-216.

A integração da sustentabilidade e do ESG parece, no entanto, ser tida pelas Instituições e pelas empresas como não financeira – isto é, diz-se que é meramente ética e não económica e que não corresponde aos interesses dos acionistas, que serão, como sabemos, lucrativos. Este uso das palavras pode levar a crer que estas são inquietações alheias, quando pode estar em causa a própria sobrevivência da sociedade. Considera-se, por tal, que estas questões apenas são incluídas na tomada de decisão da administração no caso de tal ser imposto pela lei ou no caso de a sociedade desejar ter um perfil ético e atuar responsavelmente – e só na circunstância de tal não ter repercussões negativas no seu desempenho financeiro.[252]

O problema é que o risco financeiro – o risco *associado a perdas decorrentes de alterações nos mercados financeiros*[253] –, pela não integração das questões relativas à sustentabilidade empresarial, começa a ser cada vez mais acentuado; a sociedade está cada vez mais exposta a perigos, se não considerar a sua sustentabilidade a longo prazo e se perturbar o desenvolvimento sustentável globalmente considerado.

Alega-se, nesta senda, que as considerações relativas à sustentabilidade têm de posicionar-se junto dos deveres dos administradores, mesmo quando estes deveres são interpretados (quase) exclusivamente no sentido de (tão só) maximizar os lucros para os acionistas, os retornos financeiros para os investidores.[254] Firmamos, assim, posição no sentido de que, no seu processo de tomada de decisão, os administradores devem orientar-se por mecanismos de diligência prévia e de cumprimento normativo, que mitiguem estes riscos. É que não considerar o financeiro risco da (in)sustentabilidade é, também, colocar em cheque as finanças societárias e, consequentemente, a obtenção de vantagens para aqueles sujeitos.

[252] BEATE SJÅFJELL, *Beyond Climate Risk: Integrating Sustainability into the Duties of the Corporate Board*, Deakin Law Review, Vol. 23, 2018, pp. 13 e 14. Disponível em: http://ssrn.com/abstract=3279316

[253] CARLOS PINHO et al., *Risco Financeiro – Medida e Gestão*, 2.ª ed., Edições Sílabo, Lisboa, 2019, p. 19.

[254] BEATE SJÅFJELL, *Beyond Climate Risk...*, pp. 13 e 14.

A prova do que dizemos reside, mormente, na avaliação que a banca e as suas instituições fazem aquando de uma decisão de financiamento – a forma típica de financiamento empresarial é, ainda, o recurso a crédito bancário e, neste meio, há que avaliar a capacidade de o devedor devolver o capital e os juros.[255] Se um banco ou uma agência de *rating* denota práticas agressivas, abusivas, que podem promover a insustentabilidade da sociedade – e, como sabemos, existem já uma série de agências de notação do risco que medem as métricas do ESG –, a instituição bancária pode decidir pela não concessão de crédito a uma empresa que necessita de financiamento.

II. Visamos formar uma correlação clara entre os riscos da (in)sustentabilidade, os deveres dos administradores e o seu processo de tomada de decisão. Não é verdade que, por exemplo, as alterações climáticas acarretam riscos (financeiros) para as empresas? A atividade da sociedade pode ser afetada pelas alterações climáticas, pela exploração abundante de certos recursos do planeta. É claro isto.

Nestes termos, podemos afirmar que há uma interdependência entre a criação de valor a longo prazo para a sociedade – com a consideração dos interesses dos sócios e dos *stakeholders* – e a adoção de práticas de atuação sustentáveis (ambiental e socialmente falando).

SARAH BARKER, referindo-se às alterações climáticas, insiste que já não está em causa uma mera externalidade ambiental – que deve ser corrigida, nomeadamente, pelo Direito Ambiental –, mas a saúde da própria empresa, a sustentabilidade da empresa social. Nestes termos, portanto, um administrador que não responda proactivamente aos riscos e às oportunidades que as alterações climáticas acarretam, pode estar a colocar em causa a sustentabilidade a longo prazo da sociedade, a criação de valor para os sócios e, deste modo, poderá ser responsabilizado (por força da violação dos deveres a que está adstrito). Em suma, temos a registar duas alterações em matéria de alterações climáticas – em primeiro lugar, verifica-se uma relação cada vez maior entre as alterações climáticas e a sustentabilidade a longo prazo de uma sociedade; depois, o órgão de

[255] ANA PERESTRELO DE OLIVEIRA, *Manual de Corporate Finance*, Almedina, Coimbra, 2015, pp. 122 e 123.

administração deve observar e atender a essa relação e atuar de acordo com os riscos e as oportunidades das alterações climáticas.[256]

Os riscos pela não integração dos fatores da sustentabilidade – em especial os relativos ao ESG – estão à vista. *Ultimately, the risk is existential.* Se a sociedade e a economia não forem alinhadas para atender a estes fenómenos, a atuar de uma maneira segura para todos, no presente e no futuro, arrisca-se um colapso da sociedade como um todo. Há uma série de fenómenos – a degradação do meio ambiente, as alterações climáticas, as desigualdades sociais – que podem levar a este colapso. E no colapso da sociedade é impossível produzir retornos para os investidores e para os sócios, sejam eles de longo ou de curto prazo.[257]

III. Uma última nota, neste momento, para responder a outra importante questão. O longo prazo é útil? A sustentabilidade empresarial conduz a uma melhor *performance* da sociedade, em termos lucrativos, do que aquela que existiria no caso de a empresa ser gerida apenas tendo em vista os interesses dos *shareholders*? Existem dúvidas. Apesar delas,

> *studies (...) report that corporate social responsibility, corporate sustainability, customer satisfaction, eco-efficiency, ESG and materiality are associated with higher returns, lower risk, and lower costs of capital.*[258]

Afirmámos já que as empresas ainda não estão voltadas para estas questões. Continuamos a subscrever esta afirmação. Elas não estão voltadas para estas questões porque, por vezes, há uma redução dos seus lucros. Os administradores estão demasiado orientados para o *short-termism*, o que faz com que eles não entendam o valor do ESG (prece que teima em não ser cumprida).[259] O dilema gira, justamente, em torno do lucro; não

[256] SARAH BARKER, *Director's Personal Liability for Corporate Inaction on Climate Change*, Governance Directions, Vol. 67, 2015, pp. 21-25. Disponível em: https://search.informit.org/doi/epdf/10.3316/informit.943602113626710

[257] BEATE SJÅFJELL, *Beyond Climate Risk...*, pp. 13-18.

[258] COLIN MAYER, *Prosperity – Better Business Makes the Greater Good*, Oxford University Press, Oxford, 2018, p. 122.

[259] ANN M. LIPTON, *ESG investing, or, if you can't beat'em, join'em*, in ELIZABETH POLIMAN, ROBERT B. THOMPSON (EDS.), *Research Handbook on Corporate Purpose and Personhood*,

há um alinhamento para a sustentabilidade empresarial porque a medida usada para aferir o sucesso empresarial é somente o lucro. Parece-nos, por isto, que alguns autores, para avaliar a *performance* da sociedade, têm, preferencialmente, colocado a tónica no já mencionado *corporate purpose*, ao invés de a colocarem no lucro.[260]

1.3. ESG e o seu (futuro) impacto na governação de sociedades – a Diretiva 2014/95/UE e o art. 66.º-B do CSC

I. O ESG é mais do que uma estratégia de investimento, a que alguns investidores, nomeadamente os institucionais, atendem. A integração de fatores ESG há de impactar o governo das sociedades numa miríade de matérias – não esqueçamos que o *"G"*, na sigla, implica boas práticas de *governance*; se a sociedade não apresenta boas práticas de governação, dificilmente atenderá aos desígnios do *environment* e do *social*.[261]

Sabemos de antemão que os riscos da insustentabilidade empresarial estão aí. Perante eles, a administração tem de internalizar os impactos que o ESG tem na atividade societária e na tomada de decisões de gestão dessa atividade. Mais do que isto, a administração precisa de ser guiada neste sentido, para que se rompa com os mitos da *shareholder primacy*.[262]

Uma governação sustentável, que leve em linha de conta as ponderações do ESG, implica que haja diversidade e independência na administração, que as remunerações dos administradores sejam fixadas adequadamente, que haja conhecimento dos deveres fiduciários dos administradores, que os trabalhadores sejam chamados à discussão, o estabelecimento de uma política clara de sustentabilidade da sociedade, com objetivos concretos...

Reparamos, portanto, que há já uma série de mecanismos internos de governação que fomentam uma governação sustentável da sociedade; depois, na sua atuação, a administração tem de ponderar as consequên-

Edward Elgar Publishing, Inc., Massachusetts, 2021, p. 140. Disponível em: https://doi.org/10.4337/9781789902914.00011

[260] COLIN MAYER, *Prosperity...*, p. 123.

[261] JENNIFER O'HARE, *Don't Forget the "G" in ESG: The SEC and Corporate Governance Disclosure*, Arizona Law Review, Vol. 64, n.º 2, 2022, p. 421.

[262] BEATE SJÅFJELL, *Beyond Climate Risk...*, p. 18.

cias que uma determinada decisão de gestão tem no *environment* e no *social*.

II. As considerações ESG podem e devem ser inseridas na governação da sociedade, por parte dos administradores. Em que medida? Os fatores ESG são elementos a integrar na sociedade na perspetiva da materialidade e correspondem ao dever de um gestor prudente, se quisermos, criterioso e ordenado, na perspetiva do risco financeiro da sociedade. Contando que os administradores atuem dentro dos deveres fiduciários a que estão vinculados, pode, entre nós, haver a integração de métricas ESG.

O problema é que não é claro o modo como esta integração há de ser feita. Parece que os administradores têm a capacidade de integrar já alguns destes mecanismos, atendendo ao facto de terem de levar em consideração interesses de outros sujeitos relevantes para a sustentabilidade a longo prazo da sociedade. Contudo, nem estas interpretações são unânimes. É, por isto, comum afirmar-se a necessidade de uma intervenção legislativa[263] – desde logo para que os conceitos de ESG e de sustentabilidade empresarial passem a estar efetivamente dentro do campo jurídico e para que deixem de existir dúvidas sobre um tal modo de atuar por parte dos administradores. [264] Até porque, apesar dos deveres fiduciários dos administradores estarem consagrados em vários ordenamentos jurídicos, essa consagração tem sido, como sabemos, plenamente inconsequente.

III. Essa intervenção legislativa é exigida e necessária. Agora, mesmo que ela não avance, há já, como observámos, consequências muito claras para as sociedades que não integrem a sustentabilidade e o ESG, mormente, quando falamos em finanças societárias e investimento. Neste sentido, nas decisões de investimento ou de financiamento requerem-se informações completas e claras relativas a ESG, informações ditas não

[263] *Ibid.*, p. 18.

[264] Para que, ao mesmo tempo, estas questões comecem a chegar aos tribunais... CATARINA SERRA, *Empresas e Human Rights Due Diligence – Algumas observações a propósito de desenvolvimentos recentes*, DSR, Ano 13, Vol. 27, 2022, pp. 30-33.

financeiras[265] da sociedade. Há uma imposição de divulgação de deveres de informação e deveres de transparência que impende sobre certas sociedades – e que, ao mesmo tempo, incute as empresas a atuar de modo concertado com os indicadores ESG.

A imposição de divulgação de informações não financeiras resulta – nos termos dos considerandos da Diretiva 2014/95/UE (que altera a Diretiva 2013/34/UE) – de necessidades de desenvolvimento sustentável e da sustentabilidade empresarial; ela é necessária para que se aumente a *confiança dos investidores e dos consumidores* e para que se fomente a rentabilidade da sociedade a longo prazo, com a justiça social e a proteção ambiental. Há uma correlação clara entre este Diploma, a responsabilidade social empresarial, a sustentabilidade empresarial e o desenvolvimento sustentável.

Ora, nos termos do art. 1.º da Diretiva e do art. 66.º-B do CSC há uma obrigação de adoção e divulgação de demonstrações não financeiras, que impende sobre as grandes empresas, grandes sociedades ou grupos de sociedades, que sejam entidades de interesse público e que tenham mais de 500 trabalhadores durante o exercício anual. Há, portanto, que incluir no relatório de gestão, informações para que se assimile o desempenho da empresa em relação a *questões ambientais, sociais e relativas aos trabalhadores, à igualdade entre mulheres e homens, à não discriminação, ao respeito dos direitos humanos, ao combate à corrupção e às tentativas de suborno* (n.º 2 do art. 66.º-B).

Para uma efetiva divulgação das informações relativas àquelas matérias, o n.º 2 do art. 66.º-B, obviamente em consonância com a Diretiva, indica que do relatório de divulgação de informações não financeiras devem constar descrições sobre o modelo empresarial seguido *(al. a)*, sobre as políticas seguidas pela empresa nestas matérias, com especial

[265] Apesar da designação, temos que essas informações são financeiras... *Supra* Cap. III, 1.2., pp. 96 e ss. *This distinction* (entre riscos financeiros e não financeiros) *is often only a matter of timing. It is clear that all aspects of the business may have financial impact on the company and can be considered as involving financial risk.* Citamos BLAINAD CLARK; LINN ANKER-SØRENSEN, *The EU as a Potential Norm Creator*, in BEATE SJÅFJELL, CHRISTOPHER M. BRUNER (EDS.), *The Cambridge Handbook of Corporate Law, Corporate Governance and Sustainability*, Cambridge University Press, Cambridge, 2020, p. 198.

relevo para os processos de diligência aplicados *(al. b)*, sobre os resultados obtidos com tais políticas *(al. c)*, sobre os riscos que a atividade empresarial comporta nestas matérias *(al. d)* e sobre os indicadores de desempenho que importam à atividade da empresa *(al. e)*.

Note-se, ainda, em termos de regime, que a sociedade que esteja vinculada a esta divulgação de informações, tem ampla liberdade no que diz respeito ao modo como as divulga. De acordo com a Diretiva e o n.º 6 do art. 66.º-B, a sociedade pode *recorrer a sistemas nacionais, da União ou internacionais*, mas tem de especificar o sistema em que se apoia. Assim, exemplificativamente, as sociedades podem recorrer ao Pacto Global das Nações Unidas, às orientações da OCDE para empresas multinacionais, aos Objetivos de Desenvolvimento Sustentável das Nações Unidas ou aos relatórios de sustentabilidade da Iniciativa Global sobre a Elaboração de Relatórios. Foram, ainda, elaboradas pela Comissão orientações sobre a comunicação destas informações.[266]

A Diretiva tem a intenção clara de atuar em favor dos investidores, dos sócios – pretende-se que eles dirijam os seus recursos a sociedades que tenham boas práticas de governação, que se preocupem com as matérias ESG, para que os riscos do seu investimento sejam mitigados.

Apesar disto, pelo menos reflexivamente, percebe-se que há interesses de *stakeholders* em consideração – as orientações da Comissão afirmam isto mesmo. Obrigar-se certas sociedades a expor informações relativas ao ambiente, aos trabalhadores, aos direitos humanos, etc., implica que haja sobre estes sujeitos e estas realidades um especial dever de lealdade, para que a obtenção de financiamento por parte da sociedade não saia frustrada. Não esqueçamos que a sociedade – sobretudo a anónima – necessita de financiamento e que um dos modos de o obter dá-se no mercado bolsista. Se as informações não financeiras, relativas a estes sujeitos e a estas realidades, são negativas, pode haver um ou outro investidor que não aloque ali os seus recursos. Espera-se, então, pelo menos por necessidades de financiamento, que a sociedade considere estes interesses.

[266] RUI P. DIAS; MAFALDA DE SÁ, *ob. cit.*, pp. 64 e 65. COMISSÃO EUROPEIA, *Comunicação da Comissão – Orientações sobre a comunicação de informações não financeiras (metodologia a seguir para a comunicação de informações não financeiras*, 2017, p. 3.

Podem, no entanto, ser meramente aparentes as vantagens de reporte destas informações.[267] As suas limitações são grandes. Primeiro, porque quem define a matéria relevante das demonstrações não financeiras é a sociedade; depois, porque não há garantia de que os investidores canalizem, efetivamente, os seus capitais a sociedades com bons parâmetros não financeiros (parece, aliás, raro que o façam); por fim, porque as empresas não são obrigadas a adotar políticas de ESG, de preocupação com os *stakeholders* – pelo menos por esta via –, mas tão só de as divulgar ou de explicar porque não as adotaram (art. 66.º-B/3). Independentemente disto, estas sociedades terão de proceder a uma série de diligências para que seja averiguado o seu modo de atuar e se há, ou não, nesse modo de atuar, uma integração das considerações ESG – o que já é alguma coisa.

IV. O diploma que acabámos de analisar demonstra que a lei pretende, ainda que de modo ameno, introduzir alguns desígnios de ESG na governação da sociedade. Há uma abertura para que se integrem estes fatores na governação das sociedades – seja por força desta Diretiva, por necessidades de obtenção de capitais, seja por força do art. 64.º/1, al. b), digo, pela imposição de deveres fiduciários aos administradores.

Contudo, terá de se ir mais longe; tem que haver maior clareza nos procedimentos e na maneira através da qual se atende às questões ambientais, sociais e de boa governação. Esta incerteza leva a que só se atenda a estes desígnios quando tal seja compatível com a promoção ou a maximização dos lucros dos sócios. Há intenções de ir mais longe, de elevar os padrões regulatórios, nomeadamente, com a proposta de Diretiva relativa ao dever de diligência das empresas e à responsabilidade empresarial, que cabalmente analisaremos.

2. Sócios, mercado de capitais e sustentabilidade

I. Os avanços que temos feito em matéria de governação sustentável das empresas visam, claro está, quem a governa – a administração. A garantia de sustentabilidade empresarial passa, certamente, pela maneira como os administradores gerem a sociedade, pela garantia de que estes cumprem

[267] Rui P. Dias; Mafalda de Sá, *ob. cit.*, pp. 66 e 67.

os deveres a que estão vinculados, pela garantia de que atuam promovendo políticas de longo prazo.

Apesar disto, a verdade é que os principais interessados na promoção de políticas insustentáveis, curto prazistas, são os proprietários da empresa social, são os sócios, os investidores. Que papel têm estes sujeitos em matéria de atuação para a sustentabilidade? É necessário um maior envolvimento dos acionistas e dos investidores, mormente na governação da empresa? É, certamente, imprescindível que eles se comprometam com um exercício responsável dos seus direitos de voto; afirma-se, mesmo, que *acionistas e investidores atentos e atuantes* são fundamentais para que a sociedade comercial altere os seus modos de atuar, em prol da sua viabilidade a longo prazo e de uma atuação para a sustentabilidade. Ora, há mecanismos que influenciarão os sócios em matéria de sustentabilidade empresarial – questiona-se, até, se políticas de sustentabilidade que impliquem uma redução de lucros não deverão ser tomadas pelos sócios[268] – e que, eventualmente, os podem responsabilizar. É sobre alguns, e sobre alguns problemas que levantam, que nos debruçamos.[269]

2.1. A definição do *corporate purpose*[270]

I. Com o objetivo de romper com os paradigmas advogados por FRIEDMAN – de que o único objetivo da sociedade é gerar o máximo de lucros para os sócios, ao menos, dentro da legalidade –, que parecem ser a causa para o estado a que chegámos, começam a surgir discussões acerca da definição de um *propósito empresarial* que vá para lá da mera prossecução do escopo lucrativo. Neste campo, assume especial importância a obra e o estudo desenvolvido por COLIN MAYER, que, em *Prosperity*, fornece um

[268] ALESSIO BARTOLACELLI, *Modelos de sociedades "especiais"...*, p. 291.

[269] GABRIELA FIGUEIREDO DIAS, *Sustentabilidade, Grupos de Interesse e Propósito Empresarial: um novo paradigma para a empresa e o mercado de capitais*, in CMVM [coord.], *Cadernos do Mercado de Valores Mobiliários sobre os 20 anos do Código dos Valores Mobiliários*, Almedina, Coimbra, 2021, p. 736.

[270] Na doutrina portuguesa, vide sobre o tema: MARIA ELISABETE RAMOS, *Corporate purpose, sustentabilidade e gestão societária*, in AAVV, *VI Congresso Direito das Sociedades em Revista*, Almedina, Coimbra, 2022, pp. 379 e ss., RUI CARDINAL CARVALHO, *Corporate Purpose: revolução ou utopia no direito societário?*, DSR, Ano 13, Vol. 27, 2022, pp. 141 e ss e RUI P. DIAS; MAFALDA DE SÁ, *ob. cit.*, pp. 76 e 77.

guia alternativo à *shareholder primacy* e à própria *stakeholder theory* – um guia que nos leva à *purpose primacy*.[271]

Seguindo a linha de pensamento de MAYER, há uma pergunta à qual não se tem dado resposta – *Why do companies exist?* Para gerar retornos para os sócios? Somente? O *purpose* é isto mesmo – a razão pela qual uma sociedade comercial é criada e existe. O A. afirma que *"if the purpose of the corporation is just to make profits then we are sunk"*. O propósito empresarial – traduzido à letra – é produzir soluções para os problemas com que se deparam os consumidores e as comunidades, os fornecedores, os sócios, os trabalhadores, e nesse processo produzir lucros. Mas os lucros não podem, em si mesmos, ser a razão pela qual uma sociedade existe.[272]

Positivamente, o *purpose* corresponde a uma declaração para o exterior que deve indicar aquilo para o que veio a empresa, a função que lhe cumpre realizar (produzir bens, fornecer serviços, etc.); normativamente, é uma declaração daquilo que a empresa deve fazer (olhar pelo meio ambiente, pelos *stakeholders*, promover o bem-estar social, etc.).[273] Estas declarações devem ser, então, autênticas e agregar valor à empresa, ao mesmo tempo que são comunicadas para o exterior e integradas na cultura empresarial da sociedade.[274]

A governação tem, na ótica de MAYER, um papel essencial – não o de promover a criação de valor para os sócios, mas o de promover o *corporate purpose*. A determinação de tudo o que diga respeito à governação societária – remunerações, composição do conselho de administração, etc. – deve ter como guia a promoção do purpose. *Corporate governance is about the structure and conduct of the ownership and control of companies to fulfil corporate purpose.*[275]

II. Uma série de propostas de política legislativa são elaboradas por MAYER e algumas delas visam o Direito Societário. Entre elas, há uma que

[271] Falamos da já citada obra de MAYER: COLIN MAYER, *Prosperity – Better Business Makes the Greater Good*, Oxford University Press, Oxford, 2018, p. 230.

[272] *Ibid.*, p. 40 e pp. 109 e ss.

[273] COLIN MAYER, *Prosperity...*, pp. 110 e 111.

[274] MARIA ELISABETE RAMOS, *ob. cit.*, p. 383.

[275] COLIN MAYER, *Prosperity...*, pp. 113 e 114 e p. 129.

nos interessa especialmente – a de que o Direito Societário deve exigir às sociedades a fixação e a definição de um *purpose*, nomeadamente nos estatutos sociais, e que seja demonstrado o modo como as estruturas da sociedade promovem o seu *purpose*.[276]

Independentemente dos méritos da proposta, da sua adoção, e dos impactos produzidos por essa adoção, poderão os sócios tomar a iniciativa de definir o *purpose* da sociedade comercial? Poderão os sócios ter uma palavra a dizer sobre a sustentabilidade empresarial, nomeadamente por via da definição, nos estatutos da sociedade, de um *propósito empresarial*?

O que sabemos de antemão é que, pelo menos no Direito Societário português, o *purpose* não pode corresponder nem ao objeto da sociedade, nem ao fim social – ambos são regulados por normas imperativas e correspondem, respetivamente, à atividade económica que a sociedade exerce (art. 11.º/1 do CSC) e ao escopo lucrativo (art. 980.º do CCivil e art. 6.º/1 do CSC)). Nestes termos, é ilícita a cláusula estatutária que assimile o *purpose* ao objeto e ao fim sociais.[277] Mais: o *purpose* não corresponderá, entre nós, ao interesse social a que alude o art. 64.º/1, al. b) do CSC. Esta norma baliza o modo de atuar dos administradores e os deveres a que estão vinculados, ao passo que o *purpose* é apenas mais um elemento, definido pelos sócios, que os administradores deverão considerar – em caso de conflitos entre o interesse social e o *purpose* prevalecerá, portanto, o primeiro.[278]

Ainda assim, nada na lei portuguesa obsta a que os sócios incluam, nos estatutos da sociedade, uma cláusula relativa ao propósito empresarial – eles poderão fazê-lo, no âmbito da sua liberdade contratual (art. 405.º do CCivil), desde que respeitem normas legais imperativas. Apesar das dúvidas acerca do órgão competente para fixar o *purpose* nas sociedades anónimas[279], não nos parece haver restrições a esta fixação pela assem-

[276] *Ibid.*, p. 232.

[277] Maria Elisabete Ramos, *ob. cit.*, pp. 391 e ss. e pp. 395 e 396.

[278] Rui Cardinal Carvalho, *ob. cit.*, pp. 161 e 162.

[279] Sobres elas: Maria Elisabete Ramos, *ob. cit.*, 397-399 e Rui Cardinal Carvalho, *ob. cit.*, pp. 161 e 162. A maioria das referências ao *purpose*, nomeadamente nos códigos de conduta, indica, aliás, que o órgão competente para o estabelecer é o órgão de administração. O CGS vai neste sentido (*cf.*, o seu Princípio. IV.A.).

bleia geral de sócios, quer aquando da constituição da sociedade, quer supervenientemente, isto é, depois de a sociedade estar constituída (por via da alteração aos estatutos e da introdução de uma nova cláusula).

Esta é uma realidade que o ordenamento jurídico francês tem já consagrada. Por via da *Loi Pacte*, de 22 de maio de 2019, várias alterações são produzidas no Code Civil Français e uma delas diz, justamente, respeito à possibilidade de em quaisquer sociedades haver a introdução de uma *"raison d'être"* nos estatutos da sociedade. O art. 1835 do Code Civil rege precisamente que *les statuts peuvent préciser une raison d'être, constituée des principes dont la société se dote et pour le respect desquels elle entend affecter des moyens dans la réalisation de son activité.*

III. De facto, o estabelecimento do *purpose* pode ser um mecanismo através do qual os sócios inspiram a sustentabilidade da sociedade. Na teoria, os sócios poderão adotá-lo nos estatutos, mas, na prática, este debate não é isento de problemas. É que MAYER não coloca a tónica na regulação pública, no que diz respeito à elevação dos padrões éticos exigidos à conduta das sociedades; o A. considera, sim, que a mudança passa pela própria sociedade, pela governação, pelo órgão de administração e tão só pelo Direito das Sociedades. Depois, nota MARIA ELISABETE RAMOS, as referências ao *purpose* são *vagas, genéricas e deliberadamente porosas*[280], *permitindo as mais variadas interpretações.* Por fim, a concretização do *purpose*, nas decisões empresariais, está sempre dependente da discricionariedade empresarial dos administradores – sabemos já que a consideração de um número demasiado amplo de interesses pode ter o efeito de, na verdade, desresponsabilizar os administradores, uma vez que se torna mais fácil a justificação das posições tomadas.[281]

2.2. Investimento sustentável – um novo paradigma nos mercados de capitais?

I. Bem sabemos que há uma tendência generalizada de distanciamento das empresas e dos investidores do mercado bolsista. Este distancia-

[280] O *purpose* é, mais das vezes, uma mera frase *catchy*. Veja-se o propósito da Galp – *"Juntos vamos regenerar o futuro"*. Disponível em: https://www.galp.com/corp/pt/proposito

[281] MARIA ELISABETE RAMOS, *ob. cit.*, pp. 402-406.

mento reside, por um lado, numa cada vez menor liquidez do mercado e nas rendibilidades cada vez menos atrativas oferecidas pelas entidades emitentes de valores mobiliários e, por outro lado, no sentimento de desconfiança que têm os aforradores, os investidores, no mercado e nas empresas (cotadas). Este é um dilema a enfrentar, dada a extrema importância e a potencialidade que o financiamento alternativo ao financiamento bancário, mormente o recurso aos mercados de capitais, possui para as sociedades.[282]

Em face destes problemas, começa a acentuar-se a necessidade de o mercado de capitais funcionar de forma sustentável, de o funcionamento do mercado de capitais visar o longo prazo. Tem que haver uma sinergia entre o sistema financeiro e os *stakeholders*, que trabalhe em prol da sustentabilidade; a atividade financeira não pode criar impactos negativos às realidades que a rodeiam.

Podemos enunciar que as propostas que visam assegurar a sustentabilidade dos/ nos mercados de capitais pretendem encorajar os próprios investidores a considerar os interesses de sujeitos não sócios e de realidades extra societárias, especialmente com a integração dos fatores ESG nas decisões de investimento. Pretende-se que os investidores avaliem oportunidades de investimento tomando como base o impacto que uma determinada sociedade cotada, a sua governação e a sua atividade, têm em matéria ambiental e social.[283] Foi neste sentido que afirmámos que o ESG impacta a atividade e a governação societárias – a sua consideração é primária por necessidades de obtenção de capitais.

A sustentabilidade nos mercados de capitais ganha um novo fôlego com o Acordo de Paris sobre Alterações Climáticas, de 2015, com a criação da Agenda 2030 e com os 17 Objetivos de Desenvolvimento Sustentável traçados pela ONU.[284]

[282] Gabriela Figueiredo Dias, *Sustentabilidade, Grupos de Interesse e Propósito Empresarial...*, pp. 732-724.

[283] Ann M. Lipton, *ob. cit.*, pp. 131 e 132.

[284] Diogo M. Assunção de Freitas Sanches, *Sustentabilidade no Mercado de Capitais – Papel das Green Bonds*, in CMVM [coord.], *Cadernos do Mercado de Valores Mobiliários sobre os 20 anos do Código dos Valores Mobiliários*, Almedina, Coimbra, 2021, pp. 876 e 877.

No âmbito da União Europeia as estratégias no mercado de capitais vão, desde 2018, igualmente neste sentido. Nesse ano, a Comissão desenvolve um Plano de Ação que visa financiar um crescimento sustentável – esse plano contém uma série de propostas, legislativas e não legislativas, que passam, por exemplo, pela *criação de um sistema de classificação da UE para as atividades sustentáveis*, pela *criação de normas e rótulos para os produtos financeiros «verdes»*, pelo próprio esclarecimento dos deveres dos investidores institucionais e dos gestores de ativos, pela promoção de uma governação sustentável ou pela atenuação das visões curto prazistas que existem nos mercados de capitais.[285] Em 2021 é adotada uma nova *Estratégia de financiamento da transição para uma economia sustentável*, novamente com uma série de ações (seis ações que andam entre o financiamento das etapas que levam à sustentabilidade, medidas em matéria de contabilidade, notações de risco e regulamentação micro e macro prudencial e o reforço dos poderes da supervisão).[286]

Por um lado, os destinatários destas propostas são as empresas e, noutra esfera, os serviços financeiros. Em relação às sociedades comerciais, os principais diplomas emanados pelas Instituições Europeias são a Diretiva 2014/95/UE, a que já nos referimos – que impõe a divulgação de informações não financeiras a certas sociedades –, a Diretiva dos Direitos dos Acionistas II – Diretiva 2017/828/UE, transposta pela Lei 50/2020, de 25 de agosto, e que visa estabelecer incentivos ao envolvimento dos acionistas a longo prazo – e o Reg. (UE) 2020/852 – relativo à taxonomia, ao investimento sustentável, que estabelece uma classificação única para a qualificação de uma atividade económica como sendo sustentável do ponto de vista ambiental; o objetivo deste diploma foi o de eliminar o *greenwashing* (agentes do mercado faziam *marketing* indicando que eram

[285] COMISSÃO EUROPEIA, *Comunicação da Comissão ao Parlamento Europeu (...). Plano de Ação: Financiar um crescimento sustentável*, 2018. Disponível em: https://eur-lex.europa.eu/legal-content/PT/TXT/PDF/?uri=CELEX:52018DC0097&from=PT

[286] COMISSÃO EUROPEIA, *Comunicação da Comissão ao Parlamento Europeu (...). Estratégia de financiamento da transição para uma economia sustentável*, 2021. Disponível em: *https://eur-lex.europa.eu/resource.html?uri=cellar:9f5e7e95-df06-11eb-895a 01aa75ed71a1.0020.02/DOC_2&format=PDF*

verdes, emitindo obrigações que eram verdes, mas que não o eram na realidade).[287]

2.3. A Diretiva dos Direitos dos Acionistas II – uma garantia dos fatores ESG?

I. A ligação entre a sustentabilidade empresarial e o longo prazo é intuitiva e reclamar sustentabilidade em dimensões económicas, sociais e ambientais requer investimentos de longo prazo. A Diretiva dos Direitos dos Acionistas II – a Diretiva 2017/828/UE, de 2017, que altera a Diretiva 2007/36/CE – contém, justamente, uma série de medidas que visam reduzir o *short-termism* nas sociedades cotadas, uma vez que *a crise financeira revelou que, em muitos casos, os acionistas apoiaram a excessiva assunção de riscos a curto prazo por parte dos gestores.*[288]As medidas implementadas pela Diretiva visam garantir uma interação entre as sociedades e os seus acionistas, ao longo da cadeia de investimento, e um exercício efetivo dos direitos dos acionistas, nas sociedades que têm sede num Estado-Membro e cujas ações são admitidas à negociação num mercado regulamentado de algum Estado-Membro.[289]

Ao examinarmos os considerandos da DDA, percebemos que há uma intenção clara de, por esta via, envolver os sócios na governação societária. Afirma-se que o *envolvimento efetivo e sustentável dos acionistas é um dos pilares do modelo de governo das sociedades cotadas*, que um *maior envolvimento dos acionistas na governação contribui para um melhor desempenho financeiro e não financeiro da sociedade*, incluindo em matéria de ESG, e que *um maior envolvimento de todas as partes interessadas* – especialmente dos trabalhadores – *no governo das sociedades, é importante para garantir uma abordagem a mais longo prazo por parte das sociedade cotadas* (considerando n.º 14).

A DDA estabelece, então, condições para o exercício dos direitos de voto dos acionistas, bem como mecanismos que pretendem assegurar um maior envolvimento dos acionistas – relativos à sua identificação, à transmissão de informações, à transparência dos investidores institucionais, à

[287] CMVM, *Sustentabilidade, Agenda regulatória europeia*. Disponível em: https://www.cmvm.pt/pt/SDI/sustentabilidade/Pages/regulacao_sustentabilidade.aspx

[288] Considerando n.º 2 da DDA.

[289] Artigo 1.º da DDA... Blainad Clark; Linn Anker-Sørensen, *ob. cit.*, pp. 199 e 200.

remuneração dos administradores e às transações com partes relacionadas (art. 1.º). Especialmente relevantes são o art. 3.º-A – que prescreve o direito de as sociedades identificarem os seus acionistas –, o art. 3.º-G – que impõe aos investidores institucionais e aos gestores de ativos[290] a divulgação pública de uma política de envolvimento, que indique a maneira através da qual se envolvem os acionistas na sua estratégia de investimento e a forma como ela foi aplicada; se tais requisitos não forem cumpridos, deve divulgar-se, publicamente, os motivos de tal incumprimento[291] – e o art. 9.º-A – que, pretendendo potenciar o envolvimento dos acionistas em matéria de remunerações dos administradores, prescreve que deve ser assegurada uma política remuneratória e o direito de voto dos acionistas sobre ela.[292]

II. Os méritos da DDA são discutíveis, não obstante o seu pano de fundo e os seus objetivos – o combate aos interesses curto prazistas dos sócios – serem dignos. Os méritos da DDA são tão contestados, que os problemas não foram diluídos pela sua adoção. As pressões dos investidores para que a administração prossiga, no mais rápido curto prazo, os seus interesses, não só se mantiveram como, aliás, aumentaram. E o desinteresse dos sócios na atividade societária manteve-se...[293]

Os motivos que levam ao desinteresse dos sócios pela gestão e fiscalização da sociedade – constrangimentos regulatórios que vedam ou desencorajam a aquisição de ações numa mesma sociedade acima de

[290] O então revogado art. 251.º-A do CVM, por via da transposição da DDA, integrava no conceito de investidor institucional as empresas se seguros, as empresas de resseguros e os fundos de pensões e no conceito de gestor de ativos os intermediários financeiros que prestem serviços de gestão de carteiras (de ativos) (sujeitos a lei portuguesa e a prestar o serviço a entidades sujeitas a lei pessoal portuguesa).

[291] Ainda em matéria de envolvimento dos investidores institucionais e dos gestores de ativos, *v.g.* os arts. 3.º-H e 3.º-I da DDA.

[292] Para uma análise sobre as remunerações dos administradores e as transações com partes relacionadas, nos termos da DDA, *v.g.* Coutinho de Abreu, *Remunerações dos administradores e transações com partes relacionadas na Diretiva dos Direitos dos Acionistas II*, DSR, Ano 10, Vol. 19, 2017, pp. 13-26.

[293] European Commission DG Justice and Consumers; EY, *ob. cit.*, p. 52 e pp. 79 e ss.

certa percentagem, maiores custos com a participação na vida societária, o enfraquecimento da opção de saída, etc. – mantiveram-se.[294]

Quer dizer, garantimos que os sócios são os principais interessados na prossecução de objetivos de curto prazo, que eles influenciam a administração a prosseguir tal desígnio, que é por causa das suas pressões que a administração tem internalizada a criação de valor a qualquer custo, e vamos dar mais poderes aos sócios em matéria de governação? Para que eles imponham, ainda mais, a sua agenda e prossigam de maneira escancarada os seus objetivos lucrativos, em detrimento de outros interesses? Não será contraditório o combate da supremacia acionista, em face de quaisquer outras realidades, mediante um reforço e uma ainda maior influência acionista na governação da sociedade comercial?

É, de facto, questionável que um maior envolvimento acionista na governação faça com que as preces da sustentabilidade, do ESG e do longo prazo sejam cumpridas. Pelo menos por agora. Começar a narrativa da sustentabilidade empresarial com um reforço dos poderes dos sócios, sem que estes tenham, previamente, internalizado os riscos da (in)sustentabilidade, sem que tenham sido incentivados a deter, por mais tempo, a participação social que adquiriram, sem que tenham sido reforçados os poderes dos *stakeholders*, é, sim, dar um salto maior que a perna.

III. O papel dos sócios tem, realmente, que ser repensado. Se as hipóteses a considerar andam entre um reforço dos poderes dos sócios em matéria de gestão, a intervenção mediante voto plural[295], uma maior cooperação e comunicação entre sócios e administradores[296] e o reforço dos poderes dos *stakeholders*[297], pendemos para estas duas últimas realidades, com especial enfoque em lei imperativa que dê voz aos *stakeholders*. De nada vale trazer os sócios à discussão enquanto eles não possuírem interesse na viabilidade da sociedade a longo prazo e na sustentabilidade empresarial – este interesse tem que ser fomentado, mor-

[294] Coutinho de Abreu, *Estado de direito...* pp. 22-24.

[295] Coutinho de Abreu, *Estado de direito...* pp. 20-21.

[296] Ana Perestrelo de Oliveira, *Manual de Governo das Sociedade...*, pp. 204 e 205.

[297] Coutinho de Abreu, *Estado de direito...* pp. 22-24.

mente, nos mercados de capitais, por exemplo, com o estímulo à emissão de *green bonds*[298] e por estratégias de financiamento sustentável, por uma maior consideração dos fatores ESG nas decisões de investimento. Depois, de nada vale trazer estas realidades aos sócios, se os interesses que se visam proteger não têm consagração legal – a própria Diretiva considera importante o envolvimento de todos os *stakeholders*, especialmente os trabalhadores; porque não, então, um sistema de cogestão, ao nível da fiscalização societária, como na Alemanha? Porque não permitir que os trabalhadores elejam administradores? Porque não chamar efetivamente os trabalhadores a participar da vida societária e permitir a sua eleição para o órgão de administração, como em França? De nada vale o reforço dos poderes dos acionistas em matérias de governação se nada disto é garantido.[299]

3. Reflexões sobre um recente progresso – uma *Revolução Stakeholder* a passos lentos

I. Se os discursos legislativos da sustentabilidade, da consideração de interesses de não sócios e de realidades ambientais e sociais, eram já vastos, eles têm crescido exponencialmente nos últimos tempos. Seja por via do alargamento do interesse social, seja pela criação de princípios de boa governação, seja imperativa ou voluntariamente, tem havido alguma pressão social para que haja uma viragem no paradigma que, ainda, vivemos.

Repare-se que houve recentes mudanças na lei francesa, que houve a projeção de mais *soft-law* no Reino Unido e que uma série de CEOs das maiores empresas americanas aparentam começar a mostrar interesse na sustentabilidade empresarial. Mais: estas questões começam vagarosamente a chegar aos tribunais e a Comissão Europeia tem preparada uma das mais importantes reformas legislativas relativas à sustentabilidade empresarial.

298 *Títulos de dívida emitidos para captação de capital com o intuito específico de apoiar projetos relacionados com o clima ou o meio ambiente.* Sobre eles: DIOGO M. ASSUNÇÃO DE FREITAS SANCHES, *Sustentabilidade no Mercado de Capitais – Papel das Green Bonds...*, pp. 878 e ss.

299 COUTINHO DE ABREU, *Estado de direito...* pp. 22-24.

3.1. Anotações legislativas recentes

I. Cumpre anotar algumas alterações pontuais, em Direito Comparado, que, ainda que controversas, encetam a abertura e a pressão política, social e económica que enfrenta a sustentabilidade empresarial.

II. O Direito Societário francês acolhe, desde cedo, uma tendência para abordagens orientadas para os *stakeholders* – mesmo antes da crise financeira de 2008, o ordenamento jurídico francês expõe preocupações ambientais na governação societária, sendo o primeiro Estado-Membro da UE a impor regras de transparência relativas a informações não financeiras.[300] Para além disto, a participação dos trabalhadores na governação societária e a sua eleição para os quadros da administração são valorizados – o art. 225-27-1 do Code de Commerce prescreve que as sociedades (ou grupos de sociedades) que empreguem 5000 trabalhadores, em território francês ou no exterior, e as sociedades, com sede em França, que empreguem 1000 trabalhadores, devem eleger pelo menos dois trabalhadores, representantes dos funcionários, para o *conseil d'administration.*

No entanto, vários problemas se levantam e a abordagem para a sustentabilidade, em França, não tem colhido grandes frutos. É nesta senda que as Instituições Francesas instituem um *Plan d'Action pour la Croissance et Transformation des Entreprises,* em 2019. Entre outras coisas, depois de várias propostas previamente falhadas, a Loi Pacte[301] introduz alguma mudança em relação à natureza da sociedade e dos interesses a considerar pelos administradores. Encerra atualmente, por esta via, o art. 1833 do Code Civil que *a* sociedade é gerida no seu interesse, mas *en prenant en considération les enjeux sociaux et environnementaux de son activité.* Para além de várias normas do Código Civil, são alteradas várias normas do Code de

[300] Na *Loi n.º 2001-420,* de 15 de maio de 2001, *relative aux nouvelles régulations économiques.* Disponível em: https://www.legifrance.gouv.fr/loda/id/JORFTEXT000000223114/
Sobre o que dissemos: VÉRONIQUE MAGNIER, *Old-Fashioned yet Innovative – Corporate Law, Corporate Governance and Sustainability in France,* in BEATE SJÅFJELL, CHRISTOPHER M. BRUNER (EDS.), *The Cambridge Handbook of Corporate Law, Corporate Governance and Sustainability,* Cambridge University Press, Cambridge, 2020, p. 276 e pp. 278 e 279.

[301] *Loi n.º 2019-486* (22 de maio de 2019) *relative à la croissance et la transformation des entreprises.* Disponível em: https://www.legifrance.gouv.fr/dossierlegislatif/JORFDOLE000037080861/

Commerce – o art. 225-35 rege, agora, que o conselho de administração deve determinar as orientações da atividade da sociedade, à luz do seu interesse social, tendo em conta as questões sociais, ambientais, culturais e desportivas (em igual sentido vai o art. 225-64).

Os problemas a que aludimos, à luz de normas como estas, mantêm-se no Direito francês e são, igualmente, assinalados pela doutrina – indefinição de conceitos, lacunas sancionatórias, concessão de amplos poderes aos administradores...[302]

III. Em anos recentes, ligeiras discussões surgem no Reino Unido, levando em consideração os estudos de COLIN MAYER a que já nos referimos.

Em 2017, é lançado, pela British Academy, o programa *Future of the Corporation*, e, neste âmbito, em 2019, são emanados os *Principles for Purposeful Business* – oito princípios que visam colocar o propósito empresarial acima da prossecução de lucros. Os princípios indicam que *the purpose of business is to profitably solve the problems of people and planet, and not profit from causing problems* ou que o Direito Societário devia colocar o *purpose* no coração da empresa. Estranhamente, o Direito Societário deve fazer isto mediante a adoção de mais *soft-law*? As propostas de MAYER andam, realmente, como se afirmava, pela ausência de regulação pública – este caminho tem sido ineficaz; mais abordagens deste género devem ser questionadas ou, mesmo, rejeitadas.

3.2. A ironia das observações da Business Roundtable

I. A Business Roundtable é uma associação que concentra os CEO's das maiores empresas americanas. Em 2019, é lançada por esta associação uma nota de imprensa divulgando um novo *Statement on the Purpose of a Corporation*. Em conjunto, estes CEO's declaram que *each of our stakehol-*

[302] Para maiores desenvolvimentos: PIERRE-HENRI CONAC, *Le nouvel article 1833 du Code civil français et l'intégration de l'intérêt social et de la responsabilité sociale d'entreprise: constat ou révolution?*, Rivista Orizzonti del Diritto Commerciale, 3, 2019, pp. 497 e ss e SOPHIE SCHILLER, *L'évolution du rôle des sociétés depuis la loi PACTE*, *ibid.*, pp. 597 e s.. Disponível em: http://www.rivistaodc.eu/Article/Archive/index_html?ida=129&idn=21&idi=-1&idu=-1

ders is essential. We commit to deliver value to all of them, for the future success of our companies, our communities and our country.

Há, então, um compromisso que visa contrariar a primazia acionista – que visa entregar valor aos seus clientes, investir nos seus trabalhadores (com compensações justas, com formações, com a inclusão de diversidade, dignidade e respeito), atuar justa e eticamente com os seus fornecedores, suportar a comunidade em que operam estas empresas, proteger o meio ambiente (com a adoção de políticas sustentáveis ao longo da cadeia de negócios) e, claro está, gerar valor de longo prazo para os acionistas.

Anuncia JAMIE DIMON, *chairman* e CEO da *JPMorgan Chase & Co.*, que o sonho americano estava vivo, mas desgastado, que *major employers are investing in their workers and communities because they know it is the only way to be successful over the long term.* Anuncia-se que este novo *Statement* reflete melhor a maneira como as empresas podem e devem operar hoje, rasgam-se elogios a esta nova mudança de paradigma. DARREN WALKER, Presidente da *Ford Foundation*, apregoa que *this is tremendous news because it is more critical than ever that businesses in the 21st century are focused on generating long-term value for all stakeholders (...), which will result in shared prosperity and sustainability for both business and society.* [303]

II. Portugal, evidentemente, importa uma associação semelhante e, em 2021, é criada a Business Roundtable Portugal, com algumas das maiores sociedades e grupos de sociedades do País. Pretende colocar o PIB do País entre os 15 maiores da Europa e cria três grupos de trabalho, com enfoque nas pessoas, nas empresas e no Estado, com o objetivo de aumentar os índices de produtividade, qualificação e de riqueza. Anunciaram, após diálogos com as Instituições Portuguesas, uma série de propostas a ser apresentadas em fevereiro de 2022 – apesar disto, parece, ainda não foram lançadas.[304]

[303] *Business Roundtable Redefines the Purpose of a Corporation to Promote 'An Economy That Serves All Americans,* 2019. Disponível em: https://www.businessroundtable.org/business-roundtable-redefines-the-purpose-of-a-corporation-to-promote-an-economy-that-serves-all-americans

[304] ECO, 23 de junho de 2021, *Saiba quais são as 42 empresas da Business Roundtable Portugal.* Disponível em: https://eco.sapo.pt/2021/06/23/saiba-quais-sao-as-42-empresas-da-

III. Ironicamente, contra as preces anunciadas e em plena pandemia e crise económica, os signatários do *Statement on the Purpose of a Corporation* distribuíram altos dividendos aos acionistas, demitiram funcionários e acusaram os trabalhadores de não estarem devidamente protegidos contra os perigos da COVID-19. Para além disto, uma série de empresas, das quais membros da Business Roundtable são CEO's, têm escapado às suas obrigações tributárias e fazem campanha contra o aumento de impostos.[305]

Em Portugal, a Associação não é, igualmente, isenta de ironias. Assim que foram anunciados, pelo Governo Português, estudos sobre uma semana laboral de quatro dias, levantaram-se vários presidentes de conselhos de administração e comissões executivas contra a proposta, sem que se estudassem os seus impactos no aumento da anunciada produtividade dos trabalhadores. Mais: em plena crise, com os preços dos produtos petrolíferos inflacionados, a GALP distribui, controversamente, altos dividendos aos seus acionistas.[306]

3.3. *Milieudefensie et al. v. Royal Dutch Shell*

I. A falta de jurisprudência em matéria de sustentabilidade empresarial, de ESG e de criação de valor a longo prazo para a sociedade, é uma evidência. Se falarmos em responsabilidade social das empresas, a escassez é ainda maior, dada a fraca relevância jurídica que este fenómeno

-business-roundtable-portugal/. Jornal de Negócios, *Grupo dos 42 apresenta propostas em fevereiro de 2022.* Disponível em: https://www.jornaldenegocios.pt/empresas/detalhe/grupo-dos-42-apresentara-propostas-em-fevereiro-de-2022

[305] BRICK HOUSE, 6 de abril de 2021, *For Business Roundtable Members, Corporate Responsibility Doesn't Always Include Paying Taxes.* Disponível em: https://thebrick.house/for-business-roundtable-corporate-social-responsibility-does-not-require-paying-taxes/ e NEW YORK TIMES, 23 de abril de 2020, *Big Business Pledged Gentler Capitalism. It's Not Happening in a Pandemic.* Disponível em: https://www.nytimes.com/2020/04/13/business/business-roundtable-coronavirus.html

[306] ECO, 8 de junho de 2022, *Não me parece que a semana de quatro dias deva ser a prioridade do país", diz Salvador de Mello.* Disponível em: https://eco.sapo.pt/2022/06/08/nao-me-parece-que-a-semana-de-quatro-dias-deva-ser-a-prioridade-do-pais-diz-salvador-de-mello/ e ECO, 29 de abril de 2022, *Acionistas da Galp aprovam distribuição de 414,6 milhões em dividendos.* Disponível em: https://eco.sapo.pt/2022/04/29/acionistas-da-galp-aprovam-distribuicao-de-4146-milhoes-em-dividendos/

adquire (algo a que, sabemos já, nem os últimos instrumentos legislativos de *hard law* têm escapado). Em Portugal, os tribunais não foram, ainda, realmente convocados a atuar sobre estas matérias – por um lado, falta sensibilidade, perceção de direitos e, mesmo, organização, a parte dos sujeitos afetados; por outro lado, diz-se que no nosso país não estão sediadas grandes sociedades, que serão quem pode gerar grandes impactos negativos[307] (não que sociedades de média e pequena dimensão os não produzam – pelo contrário).

II. Não obstante o facto de estarmos em terra de ninguém, em 2019 dá entrada no Tribunal de Haia, nos Países Baixos, uma *class action* – uma ação popular –, intentada por uma série de organizações não governamentais, com a organização ambiental *Milieudefensie* à cabeça, e por mais de 17 mil cidadãos holandeses (apesar do Tribunal ter recusado a legitimidade ativa dos demandantes individuais), a pedir a condenação da Royal Dutch Shell (RDS) – uma *holding* do Grupo Shell, com sede em Haia e que é acionista, direta ou indiretamente, de mais de 1000 empresas estabelecidas em todo o mundo – na obrigação de reduzir as emissões de CO2 de todo o Grupo.[308] A 26 de maio de 2021, o Tribunal proferiu, então, uma decisão inédita, que é hoje um marco em matéria de sustentabilidade empresarial e que pode abrir as portas a novas condenações. Afloremos os seus aspetos mais importantes.

Ora, os demandantes alegam, em geral, que o volume anual de emissões de CO2 para a atmosfera, em virtude das operações comerciais e da venda de produtos energéticos da RDS, constitui um ato ilícito contra si mesmos. Assim, pede-se que a RDS reduza esse volume de emissões em 45% (para os níveis do ano de 2019), até 2030 – diretamente e por meio das empresas com quem mantém relações.

Com o objetivo de que a ação seja bem-sucedida, os demandantes argumentam que a RDS tem uma obrigação baseada num dever de cuidado não escrito, que resulta do art. 6.2, n.º 2 do Código Civil Holandês,

[307] Catarina Serra, *Empresas e Human Rights Due Diligence...*, pp. 26 e 27.

[308] *Milieudefensie et al. v. Royal Dutch Shell PLC,* The Hague District Court, Judgment of 26 may 2021. Disponível em: https://uitspraken.rechtspraak.nl/inziendocument?id=ECLI:NL:RBDHA:2021:5339

a lei aplicável ao caso, uma vez que o Tribunal entendeu que os danos resultam da política empresarial da RDS; a norma fixa que *a rule in force between a creditor and his debtor by virtue of law, common practice or a juridical act does not apply as far as this would be unacceptable, in the circumstances, by standards of reasonableness and fairness*. Para além desta norma, o Tribunal socorre-se de uma série de instrumentos de *soft law* – como os *United Nations Principles on Human Rights*.[309]

Sumariamente, os objetivos da *Milieudefensie* foram atingidos – considerando a posição da RDS no Grupo (por aquela definir as políticas e a estratégia empresarial deste), os efeitos nefastos e irreversíveis das emissões de CO2 (a sofrer nos Países Baixos), o direito à vida e ao respeito pela vida privada e familiar dos cidadãos holandeses, o Tribunal condena a RDS numa obrigação de resultados (reduzir efetivamente as emissões de CO2 para os níveis adequados, em todas as empresas do Grupo) e numa obrigação de meios (uma obrigação, se quisermos, de diligência prévia – quanto às emissões produzidas nas cadeias de fornecimento, pelas relações comerciais do Grupo).[310]

III. Um dos grandes problemas dos discursos da sustentabilidade empresarial é – na nossa visão – o facto de eles não levarem a lado nenhum. Várias são as construções doutrinais sobre o interesse social, sobre a sustentabilidade empresarial, o respeito pelos direitos humanos, os deveres das sociedades e dos membros dos seus órgãos, mas a efetiva responsabilização da sociedade, dos seus sócios e dos seus administradores não abunda. Desejamos que esta decisão de condenação abra prece-

[309] CHIARA MACCHI, JOSEPHINE VAN ZEBEN, *Business and human rights implications of climate change litigation: Milieudefensie et al. v Royal Dutch Shell*, in *Reciel – Review of European, Comparative & International Environmental Law*, 30, 2021, pp. 2 e 3. Disponível em: https://www.researchgate.net/publication/355181307_Business_and_human_rights_implications_of_climate_change_litigation_Milieudefensie_et_al_v_Royal_Dutch_Shell

[310] Para desenvolvimentos maiores sobre o caso: CATARINA SERRA, *Empresas e Human Rights Due Diligence...*, pp. 27 e 30, MARIA REDINHA; MARIA RAQUEL GUIMARÃES, *Clima estável: a urgência de um direito, a propósito do caso Milieudefensie et al. v. Royal Dutch Shell*, RED – Revista Eletrónica de Direito, Vol. 26, N.º 3, 2021, pp. 2-5, CHIARA MACCHI, JOSEPHINE VAN ZEBEN, *ob. cit.* e *Milieudefensie et al. v. Royal Dutch Shell PLC*, The Hague District Court, Judgment of 26 may 2021.

dentes para a responsabilização de sociedades, e dos membros dos seus órgãos sociais, que atentem contra matérias ambientais e sociais, com o alerta de que não se pode abrir espaço à litigância estratégica e de má fé.

3.4. A (ainda) Proposta de Diretiva relativa ao dever de diligência das empresas e à responsabilidade empresarial

I. A agenda da sustentabilidade, de uma transformação social, económica e empresarial, é, no momento, um dos maiores projetos da UE. Como sabemos, em 2021 o Parlamento Europeu produziu uma Resolução para que seja adotada uma nova Diretiva, sobre o dever de diligência das empresas e a responsabilidade empresarial. Em fevereiro de 2022, a Comissão acata estas recomendações e a Proposta de Diretiva é, finalmente, publicada. As expectativas em cima da, ainda, Proposta são elevadas; apesar da sua adoção ser extremamente positiva, por se elevarem os padrões normativos em matéria de direitos humanos, meio ambiente e governação societária, ela pode apresentar alguns obstáculos. Há, pelo menos, uma abordagem que escapa à *soft law*, que impõe deveres mais fortes e que prevê uma efetiva responsabilização pela violação de tais comandos, algo que é profundamente positivo. Partiremos, assim, à análise do mecanismo que visa implementar regras de diligência e sustentabilidade empresarial uniformes e harmonizadas no Mercado Único Europeu.

II. Ora, na exposição de motivos da Proposta em análise, a Comissão Europeia refere que, sendo o papel das empresas europeias fundamental para uma evolução em prol da sustentabilidade, é necessário que os efeitos negativos, as externalidades que elas produzem, ao longo da sua cadeia de valor, sejam atenuados, mormente em matéria de direitos humanos e meio ambiente; os decisores empresariais têm, pois, que considerar o impacto que as suas decisões de gestão têm nos direitos humanos e no meio ambiente – já o dissemos. O problema apontado reside no facto de, até então, a implementação de um dever de diligência neste âmbito ser de adesão voluntária – fazendo com que muitas empresas o não considerem e com que, as que o considerem, tenham dificuldades em implementá-lo; não há clareza jurídica, nem harmonização (o que pode retirar competitividade a certas sociedades), as cadeias de valor são complexas, os custos são elevados.

É com isto na mira que a Comissão julga essencial a criação de legislação harmonizada em todos os Estados Membros – melhoram-se as práticas de governação societária, cria-se segura jurídica para que as empresas saibam como atuar, aumenta-se a responsabilidade das empresas, permitem-se meios de reação para quem seja afetado por práticas abusivas e, em consequência, complementa-se e cumpre-se a política da União em matéria de sustentabilidade.[311]

Visa-se, assim, de acordo com o considerando n.º 14 e com o art. 1.º/1 da Proposta, que as empresas contribuam para o *desenvolvimento sustentável*, para a mudança das economias e das sociedades em prol da sustentabilidade, *através da (*obrigação de) *identificação, prevenção e atenuação, cessação e minimização dos* ***efeitos negativos, potenciais ou reais****, nos* ***direitos humanos*** *e no* ***ambiente*** *associados às próprias operações, filiais e cadeias de valor das empresas.*[312]

Muito se introduz com estas palavras. Agora, a Diretiva assegura, desde logo, que há uma impossibilidade de que tal obrigação (a relativa ao dever de diligência) seja uma obrigação de resultado; ela é, sim, uma obrigação de meios. É impossível cumprir a exigência de que as empresas garantem, em todo o caso, a todo o tempo, que nunca vão produzir nenhum efeito negativo, ou que conseguirão travar toda e qualquer produção de efeitos negativos (considerando n.º 15). De facto, como já referencia alguma doutrina[313], o dever de diligência é meramente *preventivo, um dever de esforços* – as empresas deverão adequar a sua conduta, de modo a que ela seja preventiva e minimize reais ou potenciais efeitos negativos.

III. Como se concretiza este dever de diligência? Como garantir uma atuação conforme a este dever? Parece que este deve ser concretizado em duas vertentes – *(1)* uma obrigação de integrar o dever de diligência na

[311] Comissão Europeia, *Proposta de Diretiva do Parlamento Europeu e do Conselho relativa ao dever de diligência das empresas em matéria de sustentabilidade e que altera a Diretiva 2017/1937/UE*, Bruxelas, 2022, pp.1-4. Disponível em: https://eur-lex.europa.eu/resource.html?uri=cellar:bc4dcea4-9584-11ec-b4e4-01aa75ed71a1.0018.02/DOC_1&format=PDF

[312] Sublinhado nosso.

[313] Coutinho de Abreu, *Dever de diligência das empresas e responsabilidade civil*, DSR, Ano 13, Vol. 27, 2022, p. 16, Catarina Serra, *Empresas e Human Rights Due Diligence...*, p. 34.

política empresarial (considerando 28 e art. 5.º), de identificar, prevenir, atuar, fazer cessar e minimizar a extensão de efeitos negativos, potenciais ou reais, nos direitos humanos e no ambiente (arts. 6.º, 7.º e 8.º) e *(2)* uma obrigação de estabelecer e manter procedimentos de reclamação, de avaliação da eficácia das medidas (tomadas de acordo com a Diretiva) e de comunicação e prestação de informações relativas a esse dever (arts. 9.º, 10.º e 11.º).[314]

Este emaranhado merece esclarecimentos. Há, por um lado, o dever de a empresa adotar as medidas e os esforços necessários, proporcionais e adequados – que estejam ao seu alcance –, no sentido de evitar a produção de efeitos negativos, reais ou potenciais, nos direitos humanos, no ambiente e na boa governação, em todas as suas cadeias de valor. Depois, as empresas devem corrigir tais efeitos negativos, fazer cessar a sua produção, minimizar o seu impacto, quando eles ocorram. Este processo de diligência deve ser adotado nos termos em que acabámos de descrever.

Isto deve ser assegurado ao longo de todas as cadeias de valor em que a empresa participe – nos termos do art. 3.º, al. g), a cadeia de valor compreende todas as atividades relacionadas com a produção de bens ou a prestação de serviços por parte de uma empresa (o *desenvolvimento de um produto ou serviço, a sua utilização e eliminação, as atividades conexas das relações empresariais estabelecidas a montante e a jusante da empresa...*).

IV. Depois, a quem é que este dever se reporta? A que empresas? Este parecia ser um dos problemas da Resolução do Parlamento Europeu – um âmbito de aplicação demasiado alargado. Em primeiro lugar, o dever de diligência consagrado na, agora, Proposta de Diretiva, *impende diretamente sobre sociedades e outras empresas* (não só sobre os seus órgãos) e pretende satisfazer, em primeiro lugar, interesses que são de outros sujeitos, exteriores à empresa, mas que por ela podem ser afetados[315] (mesmo que, nalguns casos, a satisfação destes interesses possa, de certo modo, ser favorável à empresa).

[314] *Cf.* considerandos n.º 25, 26 e 27 da Proposta de Diretiva. Para averiguar o que são os efeitos negativos que são produzidos quer no meio ambiente, quer nos direitos humanos, *cf.* art. 3.º, als. b) e c) da Proposta.

[315] Coutinho de Abreu, *Dever de diligência das empresas e responsabilidade civil...*, p. 16.

Seguidamente, os encargos da Diretiva recaem quer sobre empresas constituídas ao abrigo da legislação de um Estado-Membro, quer sobre empresas constituídas ao abrigo de legislações exteriores – subordinando-se essa aplicação ao número de trabalhadores, ao volume de negócios e/ou ao setor de atividade; o art. 2.º/1 indica, portanto, que as medidas são aplicadas a empresas com mais de 500 trabalhadores e com volumes de negócios superiores a 150 milhões de euros e a empresas que (não atingindo aqueles patamares) têm mais de 250 trabalhadores, volumes de negócios superiores a 40 milhões de euros, desde que 50% desse volume de negócios seja atingido mediante a atuação num dos setores ali especificados. Repare-se que o âmbito de aplicação parece ter sido reduzido – a anterior Resolução do Parlamento Europeu indicava, no seu art. 2.º/2, que a Diretiva devia, igualmente, aplicar-se às pequenas e médias empresas que fossem cotadas em bolsa e/ou que operassem em setores de alto risco (a Diretiva não se aplica a estas, mas elas podem ser por ela afetadas).

V. As empresas visadas por este dever, para além da obrigação de o satisfazer, devem assegurar, nos termos do considerando n.º 42 e do art. 9.º, a existência de mecanismos que permitam às pessoas afetadas (ou que considerem poder ser afetadas), aos sindicados (ou outros representantes de trabalhadores) e às organizações da sociedade civil (relacionadas com o setor da cadeia de valor em causa) a apresentação de reclamações, sempre que considerem legítimas as suas preocupações. Parece-nos que devem ser criados canais de denúncia internos, dentro das organizações empresariais, como aqueles que, por vezes, já existem para outras situações (como o reporte de ilícitos criminais). Para além disto, as empresas devem avaliar, pelo menos de 12 em 12 meses, as suas operações e as medidas associadas ao cumprimento do dever de diligência, a fim de verificar se têm sido adequadas e eficazes (considerando n.º 43 e art. 10.º) e devem comunicar, para o exterior, as políticas impostas pela Diretiva – ou ao abrigo da Diretiva 2014/95/UE ou, não estando a ele sujeitas, ao abrigo do art. 11.º da Proposta de Diretiva. Refira-se, também, que as competências da supervisão devem ser reforçadas – cabe-lhes o papel de controlar o cumprimento das obrigações impostas (arts. 17.º e 18.º).

Ao mesmo tempo, terão igualmente um papel indispensável os órgãos de administração e de fiscalização da sociedade. Nesta senda, o art. 25 da Proposta parece querer efetivar, de uma vez, veias institucionalistas. Os administradores têm de, ao agir no interesse da empresa, considerar, no seu processo de tomada de decisão, no âmbito da discricionariedade de que gozam, o impacto que uma decisão tem na sustentabilidade, nos direitos humanos e no meio ambiente, a curto, médio e longo prazo (art. 25.º). Para além disto, os administradores são responsáveis pelo cumprimento do dever de diligência e pela sua integração na política e na estratégia da empresa – para tal, devem considerar os interesses dos *stakeholders* e as análises feitas pelas organizações da sociedade civil. Está aberta uma porta à responsabilização do administrador que não o faça? Não nos parece – mas, lá chegaremos.

Mas, o marco mais importante da Proposta de Diretiva é a previsão de sanções e de uma efetiva responsabilização, no caso de estas obrigações não serem cumpridas. As sanções devem ser *dissuasivas, proporcionadas e eficazes* e devem incluir sanções administrativas, de cariz pecuniário – determinadas proporcionalmente em relação ao volume de negócios da empresa. Ao mesmo tempo, as empresas poderão ser, elas próprias, diretamente – a responsabilização não se reporta, neste âmbito, aos seus órgãos –, responsáveis pelos danos causados nos direitos humanos e no ambiente. Se as empresas não tiverem cumprido as obrigações a que estão adstritas, nos termos da Diretiva, e desse incumprimento tiverem resultados efeitos negativos para os direitos humanos ou para o meio ambiente, elas podem ser responsabilizadas.

VI. No plano dogmático, parece que as alterações em matéria de sustentabilidade estão, em maior ou menor grau, atingidas com a Diretiva. Há um caminho que tem sido trilhado e que tem desafiado as empresas, mas que deve, igualmente, desafiar a comunidade em geral, e os *stakeholders* em particular, para que estes saibam reagir em caso de violação dos seus direitos. Há que ponderar as questões de *enforcement* e de responsabilização – da sociedade comercial e dos seus dirigentes –, considerando a Proposta de Diretiva e o impacto que ela pode ter na lei, nomeadamente, portuguesa. É isto que vai ocupar o nosso próximo pensamento.

Capítulo IV
Para a responsabilização da sociedade e/ou dos seus dirigentes

1. A ausência de *enforcement* na sustentabilidade empresarial

I. Ao longo deste escrito, fizemos várias menções a disposições – quer de *hard law*, quer de *soft law* – que contêm referências expressas à sustentabilidade empresarial e às suas manifestações. Embocamos, em todas elas, num interesse social com exibicionismos, em maior ou menor medida, institucionalistas; não há nenhum código de *corporate governance*, de boa governação, de boas práticas, que, atualmente, não aconselhe o atendimento a interesses de não sócios, que não se refira aos interesses dos *stakeholders*, que não fale de sustentabilidade da sociedade a longo prazo (alguns deles – caso típico do *UK Corporate Governance Code* de 2018 – assentam, efetivamente, num sistema de *comply or explain*; ou seja, as sociedades ou atendem aos interesses das partes interessadas ou explicam o motivo pelo qual não o fizeram). Paralelamente, seguem diversas leis societárias – tais como, a portuguesa (no art. 64.º/1, al. b do CSC) e a inglesa (na Sec. 172 do Companies Act de 2006).

Se as leis parecem prescrever, junto dos administradores, um dever de, pelo menos, considerar os interesses dos sujeitos e das realidades que se relacionam com a sociedade, por que razão eles não o colocam em prática? A doutrina (a que já se aludiu) afirma, veementemente, que o institucionalismo que as leis e os códigos prescrevem é desprovido de eficácia e de consequências. A realidade é essa – a não ponderação de tais interesses não tem sanções específicas(!), as normas não protegem os *stakeholders*(!), o dever de considerar estas realidades é devido à sociedade e não aos *stakeholders*(!), eles não conseguem mobilizar-se para fazer uso dos expedientes da responsabilidade civil – que apenas aparentemente estão ao seu dispor. A alusão das normas aos interesses de não sócios não é acompanhada pela adoção de meios que permitam aos afetados reagir!

Prova disto mesmo é a clara escassez de decisões judiciais em matéria de responsabilidade dos administradores por danos emergentes de uma governação que não leva em linha de conta os interesses dos *stakeholders* e a sustentabilidade a longo prazo da sociedade. O instituto da responsabilidade civil dos administradores tem sido completamente ineficiente e ineficaz como meio de reação à disposição dos *stakeholders*. A reação fica, portanto, somente a cargo dos sócios. No entanto, repare-se: como alguns são passivos em relação à vida societária, tendo apenas uma visão orientada à obtenção de lucros no curto prazo, sem mais, estes não tentam, igualmente, responsabilizar os administradores. A consideração de interesses de não sócios fica, na verdade, a cargo da boa vontade da administração...

Mesmo que se admitisse, nos Direitos inglês e português, à luz da Sec. 172 e do art. 64.º/1, al. b) (respetivamente), mecanismos que garantissem o recurso à responsabilidade civil dos administradores, por violação do dever de considerar o interesse da sociedade – interesse esse que compreende considerações de sujeitos e de realidades extrassociais –, provar essa violação sempre seria de extrema dificuldade; porquanto o dever de lealdade tem sido consagrado de modo tão ambíguo, impreciso e subjetivo, que fornece aos administradores ampla margem para alegar contra esse incumprimento, evitando-se a sua sujeição a responsabilidade.

No fundo, o atendimento a tantos interesses, formulados desta maneira, tem, como sabemos, um efeito desresponsabilizador dos administradores. Pelo exposto, defende-se que não existe no Direito positivo – inglês[316] e português – um verdadeiro dever de considerar interesses de não sócios; além de que estas normas não têm praticamente efeito útil.[317] Considerações a que aderimos.

[316] Para desenvolvimentos sobre os problemas de *enforcement* no Reino Unido: ANDREW KEAY, *Moving Towards Stakeholderism? Constituency Statutes, Enlightened Shareholder Value, And All That: Much Ado About Little?*, 2010, pp. 37 e ss. Disponível em: https://ssrn.com/abstract=1530990

[317] COUTINHO DE ABREU, *Curso de Direito Comercial*... p. 285 e CATARINA SERRA, *Entre corporate governance e corporate responsibility*..., pp. 233.

II. As limitações apresentadas quanto ao cumprimento do dever de atuar no interesse da sociedade, considerando a sua sustentabilidade a longo prazo e os interesses dos sujeitos que giram à sua volta, é apontada como um dos problemas que conduzem ao *short-termism*. Assim, se se querem mudanças quanto à gestão da sociedade, se se quer uma governação sustentável, que considere mais que o lucro... tem de se garantir que há um controlo efetivo destas práticas, nomeadamente, por entidades de supervisão. Ademais: tem de se garantir que os sujeitos afetados, por práticas abusivas dos administradores, poderão reagir judicialmente, na defesa dos seus atendíveis interesses. Uma reforma societária que desconsidere o que se expôs continuará lacunosa.

É nesta esteira que a Proposta de Diretiva relativa ao dever de diligência das empresas e à responsabilidade empresarial parece seguir – parece, como veremos, ser dada alguma tutela aos *stakeholders*.

No sistema jurídico português parece haver uma norma que abre a porta a uma ação de responsabilidade a ser intentada por terceiros contra administradores – o art. 79.º do CSC. Não obstante, o seu âmbito de aplicação é muito limitado e as dificuldades da sua mobilização são inegáveis.

III. A pretendida (desejável) sustentabilidade empresarial só se concretizará através de uma fixação séria de mecanismos de reação, punição e sanção. As sociedades e os administradores que as dirigem, caso empreguem práticas violadoras dos direitos humanos, dos seus trabalhadores, ou contra o meio ambiente, terão de ser punidos. Se numa qualquer decisão de gestão, não se atender aos direitos de uma parte interessada – ou seja, se da violação do interesse social – e, dessa decisão, resultar, para essa parte, danos ressarcíveis, o administrador decisor deve ser responsabilizado.

O problema é o seguinte: atuar apenas repressivamente pode ser prejudicial. Há, possivelmente, administradores que pretendem, aquando de decisões de gestão, atuar conforme ao interesse social, mas não sabem como o fazer, que interesses ponderar, como ponderar; o que, em caso de dúvida, leva a que considerem tão-só os interesses dos sócios. É por isto que a repressão requer, ao mesmo tempo, clarificações e esclarecimentos legislativos quanto ao conceito de interesse social, quanto aos interesses (e à medida dos interesses) a ponderar – a lei tem de ser clara ao orientar o administrador. Argumenta-se, ao mesmo tempo, que conceder benefícios às sociedades que levem em consideração estas preocupações podem levar os administradores a melhores considerações sobre as mesmas[318] – duvidamos que o caminho possa passar por aqui... Vamos recompensar uma sociedade comercial ou um administrador pelo *bare minimum*? Por não atentar contra certos direitos e por cumprir deveres? Por não empregar práticas abusivas de obtenção de lucros? Por cumprir a lei? Não parece.

Prossigamos com concretizações sobre a responsabilização das sociedades e dos seus dirigentes.

2. O caso português – uma pretensa proteção de *stakeholders* e a (im) possibilidade de mobilizar o art. 79.º do CSC

2.1. Responsabilidade civil dos administradores perante a sociedade, *business judgment rule* e interesse social

I. Em geral, a separação entre a gestão da sociedade – levada a cabo pelo órgão de administração – e a sua propriedade – no domínio dos sócios – levanta, como sabemos, dificuldades. Os administradores gozam de poderes para administrar, de discricionariedade para administrar, e, por força dela, poderão ser tentados a condicionar a gestão da sociedade aos seus interesses e não ao interesse, objeto e fim sociais. Havendo a possibilidade de os administradores administrarem em seu proveito, um controlo e uma fiscalização da sua atividade afiguram-se necessários – o instituto da responsabilidade civil dos administradores é, justamente, um dos mecanismos típicos para esse controlo.

II. O ordenamento jurídico português prevê, tipicamente, a responsabilidade civil dos administradores ante três realidades distintas. Os

[318] S. Barret, R. Stavins, *Increasing Participation and Compliance in International Climate Change Agreements', International Environmental Agreements: Politics, Law and Economics*, 3, 349-362, apud Karen Morrow, Holly Cullen, *Defragmenting Transnational Business Responsibility – Principles and Process,* in Beate Sjåfjell, Christopher M. Bruner (eds.), *The Cambridge Handbook of Corporate Law, Corporate Governance and Sustainability,* Cambridge University Press, Cambridge, 2020, p. 45.

administradores podem ser responsabilizados perante a sociedade – o que abrange a maioria dos casos (arts. 72.º a 77.º do CSC) –, perante credores (art. 78.º) e perante sócios, enquanto tais, e terceiros (art. 79.º). Em todos estes casos, terão que estar reunidos os pressupostos gerais relativos à responsabilidade civil por factos ilícitos, do Direito Civil, enquanto direito privado comum – ilicitude (um ato ou omissão contrários às regras jurídicas, designadamente, às normas legais que contêm deveres dos administradores), culpa (que em casos de responsabilidade perante a sociedade é presumida), dano e nexo de causalidade entre o facto (ilícito e culposo) e o dano.[319]

Todas estas regras sancionatórias visam assegurar uma gestão *escrupulosa e eficiente*, que se paute pelos deveres a que estão vinculados os administradores – a responsabilidade civil dos administradores ou dos gerentes é, então, *orgânico-funcional* e resulta da preterição dos deveres que devem ser observados durante as atividades e as decisões de gestão.[320]

Dedutivamente, a ilicitude exigida para a responsabilização de um administrador há de resultar, desde logo, da violação dos deveres contidos no art. 64.º/1 do CSC. A norma encerra um critério de (i)licitude em relação à conduta do órgão de administração ou de gerência das sociedades comerciais (em geral) e é um ponto de partida para operar a sua responsabilidade civil – apesar das fontes que fazem emergir a responsabilidade civil não se esgotarem, obviamente, no art. 64.º.[321]

O art. 64.º assume, então, a dupla função de apontar deveres que os administradores deverão observar e de fornecer o critério da culpa à responsabilidade civil – é, portanto, *fundamento autónomo de responsabilidade*.[322] A bitola imposta pelo art. 64.º proporciona a elaboração de um juízo de censura ao administrador ou gerente que não acata aqueles deveres – o administrador podia e devia ter atuado de maneira diferente, não o

[319] Coutinho de Abreu, *Responsabilidade Civil dos Administradores...*, p. 7.

[320] Ricardo Costa, *Artigo 64.º – Deveres Fundamentais...*, p. 765.

[321] Pedro Pais de Vasconcelos, *Responsabilidade civil dos gestores das sociedades comerciais...*, pp. 19 e 20, Alexandre de Soveral Martins, *Administração de Sociedades Anónimas...*, p. 219 e Ricardo Costa, *Artigo 64.º – Deveres Fundamentais...*, pp. 796 e 797.

[322] Coutinho de Abreu, *Responsabilidade Civil dos Administradores...*, p. 17.

fez e, por tal, merece *a reprovação do Direito*; formula-se, assim, o juízo de culpa necessário à responsabilidade civil.[323]

III. Em sequência do que dissemos, a violação dos deveres legais gerais a que se refere o art. 64.º do CSC pode fundamentar a responsabilidade civil do administrador, nomeadamente, perante a sociedade.

Um administrador que não atue observando deveres (gerais) de lealdade – e as suas concretizações e manifestações específicas (tais como o dever de não concorrência com a sociedade ou o dever de não aproveitar para si oportunidades de negócio que seriam da sociedade)[324] –, que não atue tendo em vista o interesse social – *atendendo aos interesses de longo prazo dos sócios e ponderando os interesses de outros sujeitos relevantes para a sustentabilidade da sociedade (...)* – poderá ser responsabilizado perante a sociedade, verificados todos os pressupostos da responsabilidade civil por factos ilícitos a que alude o art. 72.º/1. Para além disto, a sociedade que sofreu os danos escusa de provar a culpa do administrador – ela presume-se. Se a relação entre o administrador e a sociedade não é contratual, ela é, pelo menos, obrigacional, o que, com efeito, faz com que haja uma inversão do ónus da prova – é o administrador ou o gerente quem tem que provar que atuou conforme ao dever de lealdade, que a sua conduta não foi culposa.[325]

Aqui chegados, deparamo-nos com um dilema. A lei prevê que um administrador que não atue com respeito pelo dever geral de lealdade, no interesse da sociedade, que não *atenda* os interesses de longo prazo dos sócios e não *pondere* os interesses de outros sujeitos relevantes, seja responsabilizado pela sociedade. Não atender a estes interesses é lesar a sociedade, o seu património e, para além disto, os *stakeholders*. Portanto, a sociedade pode propor uma ação com vista à reparação dos danos que tenha sofrido, pelo atentado que um administrador tenha levado a cabo

[323] Ricardo Costa, *Artigo 64.º – Deveres Fundamentais...*, p. 797.

[324] Sobre elas: Coutinho de Abreu, *Responsabilidade Civil dos Administradores...*, pp. 26-34.

[325] Coutinho de Abreu, Maria Elisabete Ramos, *Artigo 72.º – Responsabilidade de membros da administração para com a Sociedade*, in AAVV, *Código das Sociedades Comerciais em Comentário*, Vol. 1, 2.ª ed., Almedina, Coimbra, 2017, p. 900 e Pedro Pais de Vasconcelos, *Responsabilidade civil dos gestores das sociedades comerciais...*, pp. 22 e 24.

contra si, violando este dever. Como se efetiva esta ação? Ela depende, mais das vezes, de uma deliberação dos sócios tomada por maioria simples – tal como indica o art. 75.º do CSC. Agora, o desinteresse de certos sócios (sobretudo, os investidores) perante a vida societária e as visões curto prazistas de alguns – que instrumentalizam a sociedade para a obtenção de lucros – colocarão, certamente, entraves à eficácia do instituto da responsabilidade dos administradores; ao mesmo tempo, os administradores infratores poderão ser, igualmente, sócios e há administradores nomeados por sócios maioritários, e que por estes são protegidos. Todas estas situações podem colocar entraves à deliberação que visa a propositura de uma ação de responsabilidade.

O art. 77.º do CSC tenta resolver o dilema, com a previsão de uma ação social *ut singuli*, a ser intentada por um ou mais sócios que possuam, pelo menos, 5% do capital social, ou 2%, em caso de sociedade emitente de ações admitidas à negociação em mercado regulamentado. Ainda assim, parece-nos complicado que, por exemplo, um sócio que atinja aquelas cifras reaja em tribunal porque um administrador não considerou um interesse acionista de longo prazo ou porque não ponderou os interesses de outros sujeitos relevantes para a sustentabilidade da sociedade, tendo daí resultado danos. Mais das vezes, os custos serão maiores que os benefícios.

O que queremos dizer é que, em relação ao dever geral de lealdade, o mecanismo pode ser colocado em cheque por razões práticas.

IV. Depois, o art. 72.º/2 do CSC encerra causas de exclusão da responsabilidade – se os gerentes ou os administradores provarem que atuaram em termos informados, livres de quaisquer interesses pessoais e segundo critérios de racionalidade empresarial, eles não são responsabilizados. A norma é influenciada pela *business judgement rule* americana e pretende consagrar *um porto que se pretende seguro* para os administradores, pretende tornar menos arriscada a atividade de gerir a sociedade – para que o medo da responsabilização não seja um entrave ao risco empresarial e à inovação.[326]

[326] Alexandre de Soveral Martins, *Administração de Sociedades Anónimas...*, pp. 241-244.

Atentemos nos seus requisitos de aplicação. Em primeiro lugar, é preciso que o administrador tenha tomado uma *decisão empresarial*, de *facere* ou de *non facere* (não está em jogo a simples omissão, nomeadamente, por ignorância); ou seja, estamos no âmbito da discricionariedade empresarial, num campo em que o administrador escolhe uma de várias opções. Para lá deste requisito, pressuposto pela norma, o administrador deve possuir a informação adequada para tomar certa decisão – não basta a simples intuição, o administrador tem de recolher informações relevantes para a sua atuação, de acordo com *a diligência de um gestor criterioso e ordenado* (art. 64.º/1, al. a) do CSC). Não pode, igualmente, haver conflitos de interesses entre o administrador, ou sujeitos próximos a si, e a sociedade. Por fim, exige-se uma atuação segundo critérios de racionalidade empresarial – é difícil precisar esta exigência, mas a racionalidade empresarial há de ser, desde logo, económica, ligada ao escopo lucrativo da sociedade.[327] [328]

Em face dos requisitos necessários ao funcionamento da *business judgment rule*, podemos afirmar que ela não é aplicável quando estejam em causa deveres de lealdade – gerais ou específicos –, deveres específicos legais, estatutários ou contratuais. Neste âmbito os administradores não têm liberdade de decisão. A *business judgement rule* só opera quando estejam em causa poderes discricionários, onde há liberdade de decisão e um risco ou outro de provocar danos, sem que haja uma ofensa evidente de algum dever. As manifestações legais do dever de lealdade (os deveres específicos), não entram, obviamente, na tutela do preceito. As exteriorizações não legais do dever geral de lealdade exigem a prossecução do interesse social e que o administrador não abuse da sua posição, para tomar decisões em seu proveito ou em proveito alheio.[329] Neste último caso, o administrador tem de atender a interesses pessoais, de outros

[327] Coutinho de Abreu, Maria Elisabete Ramos, *Artigo 72.º...*, p. 903.

[328] Sobre o denominado *teste da irracionalidade* das decisões empresariais: Ricardo Costa, *Responsabilidade social na (ir)racionalidade das decisões dos administradores de sociedades*, Revista de Direito Comercial, 2021, pp. 1258-1261. Disponível em: https://www.revistadedireitocomercial.com/responsabilidade-social-na-irracionalidade-das-decisoes-dos-administradores-de-sociedades

[329] Ricardo Costa, *Artigo 64.º...*, p. 795.

sujeitos relevantes para a sociedade, pelo que não se preenche o requisito da atuação livre de interesses pessoais a que alude o art. 72.º/2.

Assim, não pode socorrer-se desta causa de exclusão da responsabilidade o administrador que atua não considerando o interesse social – que corresponde, como sabemos, à conjugação do interesse comum dos sócios com os interesses de *stakeholders* relevantes. Isto não está no seu círculo de poderes discricionários.

Repare-se que já não será assim em relação à adoção de medidas de responsabilidade social, que visam gerar um impacto positivo nos *stakeholders*. Estas medidas são, como sabemos, assumidas voluntariamente, nomeadamente, pela administração, no exercício dos seus poderes discricionários de gestão. Portanto, uma decisão irrazoável em matéria de responsabilidade social – porque, por exemplo, se sobrevalorizaram infundadamente os interesses dos *stakeholders* – pode, ainda assim, ter sido tomada com racionalidade empresarial, o que – verificados todos os pressupostos da *business judgment rule* – exclui a culpa e a ilicitude de tal decisão e, consequentemente, a responsabilização do administrador.[330]

2.2. O art. 79.º do CSC – a responsabilidade dos administradores perante sócios e terceiros

I. Ao percorrer a Lei Societária Portuguesa, reparamos que parece haver um mecanismo que permite a terceiros reagir contra um administrador, por práticas que este tenha levado a cabo e que atentem contra si. Reza o art. 79.º do CSC que *os gerentes ou administradores respondem também, nos termos gerais, para com os sócios e terceiros pelos danos que diretamente lhe causarem no exercício das suas funções.* A norma merece escrutínio.

Antes de tudo, a norma pretende garantir a responsabilização de um administrador por danos diretamente causados aos sócios, enquanto tais, enquanto sujeitos *titulares de participação social* e não enquanto terceiros. Terceiros, são sim, sujeitos que não a sociedade, os administradores ou os sócios (enquanto terceiros) – são os *stakeholders*, as partes que gravitam à volta da sociedade, os trabalhadores, os fornecedores, os clientes,

[330] Sobre as iniciativas de responsabilidade social por decisão dos administradores e a sua interação com a *business judgment rule*, vide a obra já citada de Ricardo Costa, *Responsabilidade social na (ir)racionalidade das decisões dos administradores de sociedades...*

os sócios enquanto terceiros, o Estado... Depois, esta é, igualmente, uma *responsabilidade orgânica*, que resulta das funções executadas pelos administradores, da sua conduta enquanto administrador (não se abrangem, neste âmbito, as condutas praticadas por um administrador fora do exercício de administração – algo que cai no âmbito do regime geral da responsabilidade civil e que é alheio ao Direito Societário.[331]

A norma indica que os administradores ou gerentes respondem nos termos gerais – ora, é certo que não haverá, geralmente, uma relação jurídica entre administradores e terceiros e sócios e, portanto, por estarmos, mais das vezes, perante casos de responsabilidade aquiliana, delitual, extracontratual, entende-se que os termos gerais são o art. 483 do CCivil.[332] Os requisitos a que alude o art. 483.º têm, assim, de se verificar.

II. O que é necessário para que esta responsabilização opere? Em primeiro lugar, terá que haver, claro está, um a conduta ilícita e culposa.

Coutinho de Abreu aponta a existência de ilicitude quando há uma afronta a direitos absolutos de sócios, enquanto tais, ou de terceiros, a normas legais de proteção de sócios, enquanto tais, ou de terceiros, ou quando se violam certos deveres jurídicos específicos de uns e/ ou de outros.[333] Para lá de uma conduta ilícita, é necessário que ela seja culposa – a referência à culpa é, neste âmbito, aquela a que alude o direito privado comum, o art. 483.º do CCivil. Assim, manda o art. 487.º/1 do CCivil que o lesado tem que provar a culpa do lesante, tem que provar este elemento constitutivo do seu direito (a não ser que haja presunção legal de culpa, o que, neste âmbito, na maioria das vezes, não há); mais:

[331] Coutinho de Abreu, Maria Elisabete Ramos, *Artigo 79.º – Responsabilidade para com sócios e terceiros*, in AAVV, *Código das Sociedades Comerciais em Comentário*, Vol. 1, 2.ª ed., Almedina, Coimbra, 2017, p. 970 ou Coutinho de Abreu, *Responsabilidade Civil dos Administradores...*, pp. 83- 85.

[332] Alexandre de Soveral Martins, *Administração de Sociedades Anónimas...*, p. 276, Pedro Pais de Vasconcelos, *Responsabilidade civil dos gestores das sociedades comerciais...*, p. 29, Coutinho de Abreu, Maria Elisabete Ramos, *Artigo 79.º – Responsabilidade para com sócios...*, p. 971.

[333] Coutinho de Abreu, *Responsabilidade Civil dos Administradores...*, p. 87. São claros estes três grupos de ilicitude. Sobre as suas manifestações específicas vide as páginas seguintes da mesma obra ou Coutinho de Abreu, Maria Elisabete Ramos, *Artigo 79.º – Responsabilidade para com sócios...*, pp.971-973.

tem que ser provada *a violação ilícita do direito de outrem ou de disposição legal destinada a proteger interesses alheios e o dano.*[334] O lesado tem que provar e alegar os factos constitutivos do seu direito à indemnização; bem se vê os problemas e as dificuldades que tal pode levantar.

Ainda assim, os administradores só respondem pelos danos que hão de ter causado *diretamente* a sócios e/ ou terceiros. O dano tem de incidir diretamente no património de sócio ou de terceiro; não se consideram relevantes os danos que estes tenham sofrido indiretamente, reflexivamente, por intermediação da sociedade, os danos que a sociedade sofre e que, indiretamente, prejudiquem sócios e/ ou terceiros. Relevam, tão só, os danos que se *produzem diretamente na esfera patrimonial dos sócios ou terceiros sem o serem através da sociedade.*[335] Por fim, terá de existir, como sempre, um nexo de causalidade entre o facto, ilícito e culposo, e o dano.

As dificuldades práticas da norma, para efetivar a responsabilização de um administrador perante um sócio ou um terceiro, são claras.

2.3. As dificuldades impostas à responsabilização do administrador perante sócios e terceiros

I. É, insistimos, ilícita a conduta do administrador tomada em desconformidade com o interesse social – é ilícita, ao abrigo do art. 64.º/1, al. b) do CSC, uma decisão tomada sem considerar os interesses de longo prazo dos sócios e sem ponderar os interesses de outros sujeitos relevantes à sociedade. Se um administrador viola, culposa ou dolosamente, o dever geral de lealdade a que está vinculado e, com essa violação, causa um dano a um terceiro, a um *stakeholder* – um trabalhador, um fornecedor, um sócio enquanto terceiro... –, pode esse terceiro servir-se do art. 79.º, do mecanismo da responsabilidade civil, para reagir judicialmente contra o administrador? A resposta parece ser negativa.

Tornemos aos requisitos que operam a responsabilidade civil do administrador perante sócios e/ ou terceiros. Haverá uma conduta ilícita, que afronta terceiros, se houver violação de direitos absolutos, de normas legais de proteção de sócios e/ ou terceiros ou quando se violem certos

[334] Alexandre de Soveral Martins, *Administração de Sociedades Anónimas...*, p. 276.

[335] Pedro Pais de Vasconcelos, *Responsabilidade civil dos gestores das sociedades comerciais...*, p. 30.

deveres jurídicos que visam proteger uns ou outros. O problema surge porque o art. 64.º/1, al. b) não parece configurar nenhuma destas opções – é que a norma vincula o administrador somente perante a sociedade. Veja-se: o dever de lealdade impõe-se por força de uma especial relação entre a sociedade e o administrador; ele é devido à sociedade, é para com a sociedade e não para com que os sujeitos elencados em tal preceito normativo.

O dever de lealdade, tal como consagrado entre nós, não visa proteger os terceiros ali elencados – o que se pretende é que haja a prossecução de um interesse que há de ser da sociedade, e que há de englobar interesses de longo prazo dos sócios e interesses de outros sujeitos relevantes para a sustentabilidade da sociedade. Isto é diferente de consagrar um dever explícito de lealdade para com esses sujeitos, uma proteção perante terceiros.[336]

Há jurisprudência neste sentido – que considera que a norma do art. 64.º/1, al. b) não encerra uma proteção de terceiros. Atente-se, a este propósito, no Ac. da Relação de Lisboa, de 14/04/2011 – considera-se, em relação a credores, que o art. 64.º/1, al. b) não configura uma norma de proteção de credores e, consequentemente, causa de responsabilidade do administrador.[337]

Portanto, a norma não quer proteger *stakeholders*; não considerar os seus interesses na tomada de decisão de um administrador é, hodiernamente, praticamente ineficaz. Só a sociedade pode reagir por força dessa violação e mesmo nesses casos há dificuldades quanto a essa reação.

II. Ainda que se admita que a norma consagra uma proteção de terceiros, assegurar os outros requisitos necessários à responsabilidade civil é extremamente complicado. Por força disto, quando está em causa a

[336] *Supra* Cap. II, 2.2, pp. 74 e 75.

[337] Afirma-se no Ac. do Tribunal da Relação de Lisboa, de 14/04/2011, Processo 916/03.2TBCSC.L1-2, cujo relator foi FARINHA ALVES, que *(...) o art. 64.º do CSC também não contém uma norma de proteção dos credores, mas antes uma norma de proteção da sociedade (...)*. Disponível em: http://www.dgsi.pt/jtrl.nsf/33182fc732316039802565fa00497eec/ea56c7fe3b4307218025788f003c11f0?OpenDocument&Highlight=0,916%2F03.2TBCSC.L1-2
Vide, igualmente, RICARDO COSTA, *Artigo 64.º – Deveres Fundamentais...*, pp. 798 e 799.

violação de um direito absoluto, de uma (efetiva) norma de proteção de terceiros ou de um dever jurídico que visa proteger sócios e/ ou terceiros, a responsabilização por via do art. 79.º do CSC torna-se, novamente, extremamente onerosa para o lesado.

É que, por um lado, cabe sempre ao lesado - ao terceiro - invocar os elementos constitutivos do seu direito (à indemnização). O terceiro lesado tem que provar, desde logo, a culpa. Esta responsabilidade é, por força da remissão no n.º 1 do art. 79.º para os *termos gerais*, extracontratual, ao invés da responsabilidade que se funda na relação (pelo menos obrigacional) da sociedade com os administradores (em que a culpa se presume). As dificuldades que os terceiros enfrentam no que diz respeito à prova da ilicitude e da culpa é, claro está, desmesurada. Ao contrário da sociedade, os terceiros podem não ter – não terão – os meios necessários ao conhecimento dos atos praticados pela administração e às circunstâncias em que foram praticados. Os terceiros terão muita dificuldade na obtenção das informações necessárias à prova, em ordem a saber se houve ilicitude e culpa.[338]

Adequado seria que a lei atenuasse o ónus da prova da ilicitude, que recai sobre o autor, e que invertesse o ónus da prova da culpa, para que este passasse a recair sobre o administrador que, por princípio, não terá grandes dificuldades em ilidir tal presunção.[339]

Por outro lado, só relevam para a responsabilidade os danos que tenham sido diretamente causados nos terceiros ou nos sócios - mas, é certo que decisões que diretamente prejudicam a sociedade poderão prejudicar, ainda que indiretamente, terceiros. Com isto, um terceiro, trabalhador, que vê, por exemplo, a sua posição afetada por ter sido determinada – em violação do dever de ponderar os interesses dos *stakeholders* – a deslocalização de uma empresa para o estrangeiro (mormente, com o objetivo de baixar ou eliminar a carga fiscal), não pode reagir judicialmente contra o administrador que a tomou.[340]

[338] Pedro Pais de Vasconcelos, *Business judgment rule, deveres de cuidado e de lealdade, ilicitude e culpa e o artigo 64.º do Código das Sociedades Comerciais*, DSR, Ano 1, Vol. 2, 2009, p. 75.

[339] *Ibid.*, p. 76.

[340] Coutinho de Abreu, *Curso de Direito Comercial...*, p. 291, nota 698.

III. Por tudo isto, impera a retórica e a ilusão no que concerne à sustentabilidade empresarial, à vinculação dos administradores a um interesse social de cariz institucionalista – um institucionalismo que teima em não ser colocado em prática e à prova nos tribunais. A violação da norma que, entre nós, obriga a considerar os interesses de sujeitos não sócios no processo de tomada de decisão de um administrador, não tem consequências. À luz do ordenamento jurídico português, nem os terceiros podem instaurar um processo judicial, nem as entidades de supervisão podem impor sanções administrativas, no caso de os interesses de terceiros serem, no seio da atividade de gestão, desconsiderados e lesados. Os terceiros não têm voz no Direito Societário.

Parece-nos, assim, urgente permitir aos *stakeholders* a reação em tribunal por supostas violações, por parte dos administradores, ao dever de lealdade a que estão vinculados. Se numa decisão de gestão não se consideram, identificam, previnem e mitigam riscos em relação à sustentabilidade a longo prazo da sociedade e em relação aos sujeitos que com ela se relacionam – se não se consideram os fatores ESG – e se dessa decisão resultam danos para terceiros, esses terceiros deviam ter toda a legitimidade para poder reagir em tribunal contra o administrador que tomou tal decisão. Parece que algo está a mudar nesta matéria, mormente, através da União Europeia. Importa averiguar o que traz de novo, neste âmbito, a Proposta de Diretiva relativa ao dever de diligência das empresas e à responsabilidade empresarial; se for aprovada impor-se-ão mudanças.

3. Violação do dever de diligência das empresas e responsabilidade civil – a (ainda) Proposta de Diretiva

3.1. A responsabilização por via do art. 22.º da Proposta de Diretiva

I. Dando continuidade à análise que fizemos de parte da Proposta de Diretiva – que passamos, agora, a referir somente como "Diretiva" –, importa analisar aquela que talvez seja a mudança mais importante que ela introduz – a previsão de sanções e de uma efetiva responsabilização no caso dos deveres que prescreve não serem cumpridos. Importa, aqui, transcrever parte do normativo relativo à responsabilidade civil, que consta do art. 22.º da Diretiva. Prescreve-se assim:

Artigo 22.º
Responsabilidade civil

1. Os Estados-Membros devem assegurar que as empresas são responsáveis por danos se:

a) Não tiverem cumprido as obrigações previstas nos artigos 7.º e 8.º;

b) Esse incumprimento tiver dado origem a um efeito negativo que deveria ter sido identificado, prevenido, atenuado, cessado ou minimizado através das medidas adequadas previstas nos artigos 7.º e 8.º, levando à ocorrência de danos.

II. A proposta que consta do art. 22.º encerra algumas diferenças em relação ao que anteriormente se prescrevia no art. 19.º da Resolução do Parlamento Europeu, de 10 de março de 2021, que, à altura, instava a Comissão a adotar tal Diretiva – tentar-se-á assinalar as principais diferenças; o normativo constante do (agora) art. 22.º é mais extenso, mas parece que algumas das medidas consagradas no (anterior) art. 19.º caíram. Foquemos, então, na análise da responsabilidade civil vertida na Diretiva, à luz dos requisitos que o instituto implica, mormente, em face do Direito português – facto ilícito e culposo, dano e nexo de causalidade entre o facto e o dano.

Cumpre, antes de maiores desenvolvimentos, relembrar que a Diretiva encerra uma obrigação de meios – no sentido de envidar esforços a uma conduta empresarial adequada, preventiva e que minimize efeitos negativos (reais ou potenciais) nos direitos humanos e no meio ambiente – e que nos parece que o regime de responsabilidade civil aqui consagrado é, como é tipico nestas situações, o da responsabilidade extracontratual por factos ilícitos, a responsabilidade por culpa.[341] Em face deste último dado, importa, igualmente, convocar os arts. 483.º e seguintes do CCivil português.

3.2. Os pressupostos da responsabilidade civil

I. Tendo em vista a garantia de efetividade das disposições impostas pela Diretiva, esta culmina, no seu art. 22.º, com a abertura de uma porta à

[341] Em igual sentido: Maria Inês Martins, *Proposta de Diretiva relativa ao dever de diligência das empresas e à responsabilidade empresarial – Os pressupostos da responsabilidade civil,* DSR, Ano 13, Vol. 27, 2022, p. 51.

responsabilização das empresas. É à responsabilização da empresa, da sociedade comercial – e não diretamente dos seus dirigentes – que se reporta, o art. 22.º da Diretiva. Neste sentido vai, igualmente, o Considerando n.º 56 da Diretiva, que obriga os Estados-Membros a *"estabelecer regras que regulem a responsabilidade civil das empresas"* e que afirma que *"a empresa deve ser responsável pelos danos (...)"*. Tornaremos a este ponto – por agora, retenha-se que estamos perante uma responsabilidade (por factos ilícitos) da sociedade perante terceiros, sujeitos que serão exteriores à empresa, *stakeholders* se quisermos; são os interesses destes sujeitos que a Diretiva visa proteger, são eles quem pode reagir. Assim, qual a conduta ilícita a que a responsabilidade se reporta? Que violações importam a responsabilidade? Como se cumprem todos os requisitos necessários à responsabilização?

3.2.1. O critério da ilicitude

I. Tipicamente, a doutrina conecta o critério da ilicitude a três situações – há ilicitude quando há violação de direitos absolutos, de normas legais de proteção ou de deveres jurídicos específicos.[342] Ora, na senda da al. a) do art. 22.º/1, é, desde logo, a violação de certos deveres, de certas obrigações, a que a Diretiva se reporta, que implica a responsabilização da sociedade. Que deveres? Os consagrados nos arts. 7.º e 8.º. Mas, qual o conteúdo destas obrigações que, violadas, implicam a responsabilidade da sociedade?

A remissão (feita pelo art. 22.º) é, parece-nos, para as concretizações e materializações de um dever de conteúdo mais geral – o dever de diligência a que se reporta o art. 4.º. O dever de diligência que impende, a este nível, sobre as empresas, obriga-as, em primeiro lugar, a adotar medidas para evitar, prevenir, a produção de efeitos negativos (reais ou potenciais) nos direitos humanos e no meio ambiente – isto faz-se, nomeadamente, integrando este dever de diligência na estratégia de governação da sociedade (algo a que se reporta o art. 4.º/1, als. a) e b), o art. 5.º e o art. 6.º).

[342] *Supra* Cap. IV, 2.2, p. 130.

Portanto, num primeiro momento, a conduta, a obrigação, é a de implementar uma estratégia de diligência[343] – mas, não é qualquer estratégia; as medidas a implementar terão que ser, nos termos do art. 7.º, as "*medidas adequadas*". A estratégia tem que ser apta e adequada à identificação (art. 6.º) e prevenção (art. 7.º) dos tais efeitos negativos.[344] Se este dever de prevenção for impossível de cumprir, o dever passa a ser de atenuação de potenciais efeitos negativos. Nestas situações, cremos ser suficiente a prova de que houve um dano efetivo, para que haja a violação de tal dever[345] – se houve dano, é porque não havia uma estratégia de diligência implementada ou, se a havia, ela era inadequada. Para se eximir da responsabilidade, excluir a ilicitude, basta à empresa, por esta via, alegar que tinha adotado e implementado a tal estratégia e que ela era adequada à prevenção de efeitos negativos.

Num segundo momento, num segundo nível de deveres que podem configurar ilicitude – ao nível dos procedimentos de diligência que as empresas têm de adotar –, exige-se à empresa a adoção de mecanismos adequados e capazes de cessar efeitos negativos, que deviam ter sido identificados e prevenidos (ao abrigo dos arts. 6.º e 7.º), mas que o não foram. Se a obrigação de eliminar tais efeitos – efeitos esses que, repare-se, já aconteceram, já estarão em execução – for impossível de cumprir, há que, então, tentar tomar medidas aptas à sua minimização (art. 8.º/2).

[343] Note-se que, numas vezes, a diligência designa um dever de adotar uma série de condutas e procedimentos (o *due diligence*, o dever de diligência prévia) e, noutras vezes, um *standard* geral de conduta (vertida, por exemplo, na al. a) do art. 64.º/1 do nosso CSC). A Diretiva alude, primordialmente, ao primeiro termo –pretende estabelecer-se condutas que levem à prevenção, atenuação ou eliminação de certos danos. Sobre uma série de confusões terminológicas nesta matéria: MARIA INÊS MARTINS, *Proposta de Diretiva...*, pp. 53-56.

[344] Não era esta a solução que a anterior Resolução do Parlamento Europeu, bastante mais branda neste âmbito, parecia consagrar. O n.º 3 da Resolução do Parlamento previa que as empresas pudessem ser desresponsabilizadas no caso de provarem que tomaram todas as medidas necessárias ou que, ainda que não as tomassem, o dano teria, igualmente, sido produzido. MARIA INÊS MARTINS constrói a sua análise à Diretiva de modo a que, ainda assim, na sua anterior versão, seja entendido que ela consagra o dever de adotar uma estratégia de diligência apta e adequada a prevenir a ocorrência de danos (e não só que se adote uma qualquer estratégia de diligência) – isto porque o verdadeiro dever a cumprir seria o de prevenir o dano. MARIA INÊS MARTINS, *Proposta de Diretiva...*, pp. 58-62.

[345] *A contrario sensu* – MARIA INÊS MARTINS, *Proposta de Diretiva...*, pp. 56 e 57.

Surpreendentemente, aquilo que serão os efeitos negativos não tem grande concretização na Diretiva – quer no Projeto do Parlamento Europeu, quer na, agora, Proposta de Diretiva, na definição entra o definido – define-se *"efeito negativo"* como sendo um *"efeito negativo que..."*. De qualquer modo, estas normas serão fundamento de ilicitude quando elas impõem deveres de conduta às empresas e quando são normas que pretendem tutelar os interesses de certos sujeitos, quando são normas de proteção (de terceiros).

II. É a violação do dever de implementar um mecanismo de diligência – em matéria de direitos humanos e do meio ambiente, como meio de prevenção de efeitos negativos nessas realidades –, nas duas vertentes que acabámos de analisar, que configura o ilícito, a conduta ilícita.

Do exposto, podemos retirar uma conclusão que nos parece mais ou menos óbvia – o dever de implementar este dever de diligência tem a sua bitola delimitada pelos direitos humanos e pelo meio ambiente. É a estas realidades que a obrigação de diligência se reporta. Nesta senda, configura-se, igualmente, fonte de ilicitude, a violação de normas protetoras destas realidades (que constam de uma série de convenções internacionais a que alude, em anexo à Diretiva, a Comissão[346]) – é isto que nos parece resultar do Considerando n.º 25. Se quisermos, temos presente como ilícitos, aludindo ao Direito português, a violação de normas que protegem terceiros e a violação de direitos absolutos.

Configuramos, assim, três hipóteses que conformam violações aos imperativos a que a empresa está vinculada, por via da Diretiva. Entendemos ser fonte de ilicitude a violação do dever de diligência *(1)*, a violação de normas que visam proteger os direitos humanos e o meio ambiente *(2)* e a violação de direitos absolutos (como, por exemplo, direitos de personalidade) *(3)*.

[346] *Anexo da Proposta de Diretiva do Parlamento Europeu e do Conselho relativa ao dever de diligência das empresas em matéria de sustentabilidade e que altera a Diretiva (UE) 2019/1937*, Bruxelas, 2022. Disponível em: https://eur-lex.europa.eu/resource.html?uri=cellar:bc4dcea4-9584-11ec-b4e4-01aa75ed71a1.0018.02/DOC_2&format=PDF

3.2.2. O critério da culpa

I. Para se poder afirmar a responsabilidade civil, há que assegurar, igualmente, a presença de culpa (dolo ou negligência) por parte de quem atuou – há que formar um juízo de desvalor em relação à conduta do agente (da sociedade), que podia e devia ter atuado de maneira diferente e não o fez –, de forma a poder imputar a conduta ao agente (uma vez que estamos perante responsabilidade por factos ilícitos). Como formar este juízo de desvalor? A Diretiva não é clara neste ponto – nem teria que o ser. Ela refere-se à culpa apenas ao nível da prova (nos Considerandos n.º 28 e 58), deixando-se as restantes questões e dificuldades para o Direito interno dos Estados-Membros. Teremos, nesta ótica, de considerar, sobretudo, o regime português de responsabilidade civil – a que alude, nomeadamente, o CCivil.

Aproximemo-nos das normas. Vimos já, ao nível da responsabilidade civil do administrador perante a sociedade, que o art. 64.º do CSC fornece, para lá do critério da ilicitude, o critério da culpa do agente – sendo, por tal, fundamento *autónomo de responsabilidade*. A violação do art. 64.º permite-nos formar o juízo de culpa necessário à imputação da conduta ao agente, administrador, que não acata aqueles deveres – isto é comprovado pelo facto de a culpa ser presumida, é o administrador que tem que provar que atuou sem culpa.[347]

II. Será que podemos afirmar, por correlação ao Direito português e às considerações que tecemos sobre a afirmação da culpa por via do art. 64.º do CSC, que a violação do dever de diligência a que a Diretiva se reporta – tal qual como exposto acima, configurado numa série de deveres, nomeadamente procedimentais, que a sociedade, mormente, a administração, deve colocar em prática –, permite formar o juízo de culpa necessário à imputação da conduta ilícita à sociedade? A resposta, parece-nos, é negativa.

Isto é assim porque a Diretiva não indica a quem incumbe fazer prova da culpa do lesante. Ela remete para o Direito nacional. A busca por isto há de ser feita no CCivil – no seu art. 487.º. É ao lesado que incumbe

[347] *Supra* Cap. IV, 2.1. p. 126.

alegar os factos constitutivos do seu direito e, assim, a culpa. É o lesado que tem que constituir prova da verificação de todos os elementos constitutivos da responsabilidade civil – regra que decorre da regra geral que consta do art. 342.º do CCivil, relativa ao ónus da prova. Esta solução, quanto à culpa do agente, anda à volta do que consagra o art. 79.º do CSC – como veremos, as dificuldades levantadas serão semelhantes.

Com isto na mente, como deve ser aferida a culpa do agente? Qual o padrão de conduta que o agente – a sociedade, atente-se – devia ter adotado e não adotou, que nos permite fazer o tal juízo de censura? Não podemos recorrer a padrões de conduta que se impõem a administradores (como a al. a) do art. 64.º/1 do CSC) ou a pessoas, uma vez que a responsabilidade em questão diz respeito, diretamente, à sociedade. A resposta pode ser encontrada na al. b) do art. 22.º/1 – devia ter sido *identificado, prevenido, atenuado, cessado ou minimizado um efeito negativo* (no meio ambiente ou nos direitos humanos) e tal não ocorreu? Se a resposta for afirmativa, podemos formar um juízo de desvalor à sociedade, que podia e devia ter atuado de outra maneira.

Parece, depois, que o n.º 2 do art. 22.º da Diretiva consagra uma espécie de causa de exclusão da culpa e, em consequência, da responsabilidade civil. Se as empresas procuraram obter garantias contratuais junto dos sujeitos com quem operam, no sentido de estes cumprirem o seu código de conduta, de modo a que sejam prevenidos e/ ou cessados efeitos negativos, essa empresa não será responsabilizada (art. 22.º/2, 7.º/2, al. b), 7.º/4, 8.º/3, al. c) e 8.º/5). Só não será assim se as medidas tomadas não forem consideradas adequadas para *prevenir, atenuar, fazer cessar ou minimizar a extensão do efeito negativo*.

III. Há uma série de entraves e dificuldades em concretizar a culpa, no âmbito da responsabilização que a Diretiva pretende consagrar, nos termos em que a pretende consagrar. É complicado tecer um juízo de culpa à empresa, sociedade comercial, ente que, apesar de ter personalidade jurídica, de atuar no tráfico jurídico, necessita de órgãos e sujeitos para o fazer. A sociedade não é um ser vivo sensitivo e pretender formar um juízo de culpa em relação à sua conduta é complicado – como o é noutros ramos do Direito (Tributário, Criminal, etc.).

3.2.3. O critério do dano

I. Ao nível dos danos a reparar confrontamo-nos, identicamente, com sérias dificuldades interpretativas. Quais os danos que merecem reparação? Os danos diretos ou, também, os danos indiretos? Os danos emergentes? Depois, o efeito negativo, a origem de um efeito negativo, configura já, por si só, um dano nos direitos humanos ou no meio ambiente ou é, tão só, o meio para consomar esse dano? Parece que os danos hão de decorrer, eventualmente, dos efeitos negativos no meio ambiente ou nos direitos humanos – e que estes efeitos se reportam tão só à categoria da ilicitude (Considerando n.º 56). O que é um efeito negativo? É isto que não é claro. Repare-se que na versão do texto em inglês da Diretiva, o termo usado é o de *"adverse impact"*, impacto adverso, um impacto desfavorável – expressão que nos parece mais correta. Assumimos que um efeito negativo, um impacto negativo, é aquele que resulta da violação das tais disposições normativas constantes das convenções internacionais em matéria de ambiente e de direitos humanos, que a Diretiva refere nos seus anexos.

Posto isto, a al. b) do art.º 22.º/1 parece-nos incorretamente formulada – ao indicar-se que há responsabilização por danos resultantes da violação das disposições da Diretiva e se ***"esse incumprimento tiver dado origem a um efeito negativo"***, parece reportar-se o efeito negativo ao dano.[348] O incumprimento, parece-nos, é que pode gerar, ou não, o efeito negativo e desse efeito negativo poderão resultar, ou não, danos. Pense-se na seguinte hipótese: uma sociedade está obrigada legalmente a não efetuar descargas do lixo que produz, em determinado rio X; mas, ela efetua descargas de lixo no rio X (produz um efeito negativo). O que pode acontecer? Pode resultar um dano para o meio ambiente ou para os direitos humanos – morrem animais, a vida marinha e a vida das comunidades locais são prejudicadas. Ainda assim, pode não advir nenhum dano daquela violação e daquele efeito negativo – pense-se que, naquela situa-

[348] Atente-se nas imprecisões da Diretiva – nos termos do Considerando n.º 56, se a empresa não cumprir as obrigações de prevenir ou fazer cessar efeitos negativos, e se de tal incumprimento resultarem (novamente...) efeitos negativos, haverá responsabilização. Há aqui uma reprodução excessiva do termo *"efeito negativo"*, que nos parece levar a imperfeições – ainda para mais quando esse termo não é definido de modo correto no art. 3.º da Diretiva.

ção, meramente hipotética, não havia já vida marinha naquele rio X. São duas questões diferentes a que aludimos; em ambas as situações houve incumprimento e a produção de efeitos negativos, mas só numa houve dano – na primeira. Assim, só na primeira hipótese poderá haver lugar a responsabilidade civil da empresa.

O incumprimento das obrigações a que a Diretiva se reporta pode, então, gerar efeitos, impactos, negativos (no meio ambiente e nos direitos humanos) e só no caso de esses efeitos negativos gerarem danos para algum dos sujeitos protegidos pelas normas indicadas na Diretiva é que pode haver lugar a responsabilização.

II. Deparamo-nos com uma série de imprecisões neste âmbito, que se espera que estejam clarificadas na versão final da Diretiva. Retenha-se, por ora, que se uma empresa não cumprir as obrigações de prevenir e atenuar efeitos negativos potenciais e/ ou de fazer cessar ou minimizar efeitos negativos reais, e se dessa violação resultar danos, há responsabilização. Retenha-se, igualmente, que esses danos hão de ser produzidos numa das realidades que a Diretiva visa proteger – nos direitos humanos e/ ou no meio ambiente. São os sujeitos com danos ocasionados nestas duas esferas quem pode reagir.

Uma outra consideração – como assim, responsabilização da empresa por não cumprir uma obrigação de prevenir ou atenuar efeitos negativos potenciais? Neste caso há dano? Se o efeito negativo é potencial, é porque ainda não se produziu e, não se tendo produzido, não ocorreram danos e, não pode, à luz do nosso ordenamento jurídico, haver responsabilização. Estes danos, que se produzirão em virtude de efeitos potenciais, hão de ser os *prejuízos futuros,* talvez até os lucros cessantes – serão, pelo menos, os danos que ainda não ocorreram, mas que com um elevado grau de probabilidade irão ocorrer.[349]

Por fim, repare-se que, não identificamos especificidades no que ao nexo de causalidade diz respeito – remetendo-se, assim, a sua concretização para as já consolidadas orientações do Direito interno dos Estados-Membros.

[349] Coutinho de Abreu, *Dever de diligência das empresas e responsabilidade civil (A propósito do projeto de Diretiva do Parlamento Europeu de 10/3/2021),* DSR, Ano 13, Vol. 27, 2022, p. 19.

3.3. Fragilidades da Diretiva

I. A Diretiva em análise consubstancia a intenção clara das Instituições Europeias para uma transição em prol de um desenvolvimento sustentável, por via da sustentabilidade empresarial. Ao prever efetivas sanções e meios de reação a terceiros, que vejam os seus interesses lesados por determinada conduta empresarial, elevam-se os padrões normativos regulatórios, tenta garantir-se uma efetiva aplicabilidade das medidas consagradas na Diretiva.

Assume-se que a responsabilidade civil tem um papel extremamente relevante para intimar as empresas ao cumprimentos dos desígnios ambientais, sociais e de boa governação[350] – no mesmo sentido, sempre destacámos a importância do mecanismo da responsabilidade civil, pelo menos dos administradores, como meio de garantir o cumprimento de tais desígnios.

Atente-se que a Proposta de Diretiva é, todavia, uma proposta – não foi ainda aprovada, mas espera-se que o venha a ser. Há entraves e, inclusive, vozes contra esta harmonização no espaço Comunitário, uma vez que serão potenciadas condições desiguais de concorrência internacional – vincular-se-ão à Diretiva apenas os Estados-Membros da União Europeia, obviamente. Ainda assim, *caminhar por aí é preciso*.[351]

II. Sempre afirmámos, igualmente, que em matéria de sustentabilidade empresarial importa ser preciso, claro, não ser vago. Qual é o problema? É que a Diretiva é, em vários preceitos – nomeadamente, em matéria de responsabilidade civil e quanto às definições que pretende esclarecer – vaga, dúbia, leva a imprecisões e, consequentemente, a incompreensões. Reportamo-nos, exemplificativamente, a expressões como *"efeito negativo"* ou *"dano"*, que são definidas parcamente.

Depois, ao nível da responsabilidade civil propriamente dita, a consagração de uma responsabilização direta da empresa não é isenta de obstáculos – é complicado formular um juízo de culpa à sociedade, à empresa

[350] Maria Inês Martins, *Proposta de Diretiva...*, p. 82.

[351] Coutinho de Abreu, *Dever de diligência...*, p. 22.

social, no sentido de afirmar que esta podia e devia ter agido de modo diferente e não o fez. Continuando, veja-se que quem deve implementar a política de diligência (art. 5.º) são os administradores, é quem governa a sociedade, é quem a gere. Com efeito, o art. 26.º indica, mesmo, que são os administradores os responsáveis pela aplicação e supervisão das medidas a que se reporta o dever de diligência; são eles quem tem de adaptar a estratégia empresarial de modo a que esta leve em consideração os efeitos negativos no meio ambiente e nos direitos humanos (art. 26.º/2). Não resulta, no entanto, para eles uma eventual responsabilização por não terem colocado em prática esta diligência? Um eventual direito de regresso a exercer pela sociedade contra eles?

Aliás: aproximemo-nos do art. 25.º; ele obriga os administradores a levar em conta os interesses dos *stakeholders* (aquilo a que aludimos já tantas vezes). O art. 25.º consagra um *standard* de conduta que os administradores devem adotar, parece, em todas as decisões que eles tomem. Em todas as decisões empresariais, os administradores têm que verificar as consequências que poderão advir *em matéria de sustentabilidade – incluindo em termos de direitos humanos, alterações climáticas e ambientais, a curto, médio e longo prazo*. É outra a questão em jogo – não se trata de um dever de adotar uma série de procedimentos de diligência prévia, mas do dever de atuar com diligência, em todas as condutas que se tomem (em consonância com o art. 64.º do CSC). Continua, ainda assim, vago o institucionalismo; os administradores devem ter em conta estas questões, mas, como? A violação deste dever – do padrão de conduta – dá origem a responsabilidade civil nos termos da Diretiva?

Enfim, isto não é claro. Por tal, cremos que seria mais adequada a responsabilização dos administradores e/ ou gerentes, do que da sociedade, da empresa, propriamente dita.

Há, ainda, uma série de entraves práticos à responsabilização da empresa, nomeadamente, pelas remissões feitas para o Direito nacional em questões probatórias, que fazem com que os obstáculos à reação por via judicial continuem presentes. É o lesado que tem de provar os factos que constituem o seu direito à indemnização – há que provar o incumprimento dos deveres por parte da empresa, a sua culpa, o dano e o nexo de causalidade. A Diretiva deveria, assim, assegurar uma repartição equitativa do ónus da prova e, talvez, invertê-lo em matéria de culpa – obrigando as empresas a provar que operaram sem culpa.[352]

4. Para lá da sanção e da responsabilização

I. Ora, é intenção nossa que a sociedade seja viável a longo prazo, seja sustentável a longo prazo, que não seja um mero instrumento ao serviço de (alguns) sócios, para que estes obtenham, irracionalmente, lucros; é intenção nossa combater o *short-termism*.

De facto, é inegável a importância de que revestem os mecanismos sancionatórios e de responsabilização das sociedades, e, sobretudo, de quem as governa. Mas, os mecanismos sancionatórios e de responsabilização têm de ser, em primeiro lugar, harmonizados – o que parece ser garantido com a Diretiva, ao nível da União Europeia –, por força das realidades de grupos de sociedades; têm de ser, depois, claros e precisos e, por fim, operáveis na prática; tudo isto releva para que estes problemas possam começar a chegar aos tribunais.

A sanção e a responsabilização são, efetivamente, necessárias. Agora, não se pode atuar apenas repressivamente e, muito menos, esperar que a sociedade e os administradores incorram em incumprimento – nomeadamente de um tal dever de diligência –, para depois os punir. A atuação não pode estar só do lado da sanção – algo que pode, aliás, ser mais nefasto e levar as sociedades e os seus administradores a ocultar mais condutas, a furtar-se, mais ainda, aos seus deveres.

Assim, a concretização de uma reforma no Direito Societário, para tomar seriamente estas questões, tem de fornecer, para lá de sanções, detalhes quanto ao seu escopo de implementação.[353] Há que orientar corretamente, precisamente, detalhadamente, a maneira como uma sociedade e os seus administradores ou gerentes devem atuar. Indicar que devem atuar em prol da sustentabilidade da sociedade, implica que se

[352] Para detalhes sobre estes e outros problemas da Diretiva: EUROPEAN COALITION FOR CORPORATE JUSTICE, *European Commission's proposal for a directive on Corporate Sustainability Due Diligence - A comprehensive analysis*, p. 4 e pp. 20 e 21. Disponível em: https://corporatejustice.org/wp-content/uploads/2022/04/ECCJ-analysis-CSDDD-proposal-2022.pdf

[353] BEATE SJÅFJELL, *Realising the Potential of the Board...*, pp. 706 e 707.

defina o que é a sustentabilidade da sociedade – uma garantia da viabilidade económica da sociedade no presente e no futuro; implica indicar que é dever de um administrador prosseguir o interesse social – e que nesse interesse estão implicados interesses de sócios, mas, também, interesses de sujeitos e de realidades que se relacionam com a sociedade, que lhe são próximas e importantes; importa que os administradores tenham presente que a sociedade está dependente dos *stakeholders* – mais do que isso tem que haver uma sinergia entre a sociedade, os sócios e os *stakeholders*. A conduta dos administradores deve pautar-se pela vinculação ao interesse social. O interesse social, note-se, deve passar a ser devido à sociedade e aos terceiros a que se refere – a sociedade não é independente dos sujeitos com quem se relaciona e das realidades em que está inserida; assim, deve ter especial cuidado com o modo através do qual se relaciona com tais sujeitos e tais realidades.

Uma mudança de paradigma, em prol da sustentabilidade da sociedade, deve ter manifestações específicas na lei, não só ao nível do interesse social. Há que ir mais longe – os principais *stakeholders* envolvidos numa determinada cadeia de valor, de uma determinada sociedade, têm de ter voz e poder. Somos adeptos da nomeação de administradores por trabalhadores, que os representem; da promoção da igualdade de género no conselho de administração; da criação de canais, dentro da empresa, que permitam a denúncia de práticas que podem lesar a sociedade, etc.

A mudança de paradigma tem que começar nos quadros superiores, nos lideres da sociedade, e deve implicar todos, numa espiral em que há exigências de parte a parte. De nada vale a responsabilização, como acentua CATARINA SERRA, se não houver uma mudança de mentalidades – mudança essa que não advém só de ameaças de sanção e de responsabilização.[354]

[354] CATARINA SERRA, *Empresas e Human Rights Due Diligence...*, pp. 27 e 30.

Conclusão

I. Há uma crise na aplicação do Direito e da lei a que os poderes legislativos têm de responder. De facto, o direito aos lucros não se pode sobrepor a outros direitos (fundamentais, sociais...) e tem de ser refreado normativamente.

É função das regras de governação societária e do Direito Societário moderar e gerir este apetite dos sócios pela obtenção desmedida e irracional de lucros, pela instrumentalização da sociedade para que alguns obtenham lucros, em prejuízo, sobretudo, da empresa social, do meio em que ela está envolta e dos seus trabalhadores. Gerir esta apetência implica considerar a sociedade em si mesma e os sujeitos que a rodeiam – os sócios, os administradores e os *stakeholders*. Há que aferir o papel que cada um destes indivíduos desempenha no seio da sociedade e o contributo que podem dar para que esta prospere sem que para isso tenha de lesar outras realidades. Há que romper com as métricas da primazia acionista, que têm consequências para a sociedade e para o seu exterior. As crises a que aludimos, na abertura do nosso Estudo, obrigam a repensar os modelos de governação que se têm vivido – há um clima de acentuação de situações adversas (pandemias, guerras, alterações climáticas), que colocam em causa a sociedade comercial e o mundo como o conhecemos; para que a sociedade comercial possa responder a estes obstáculos, cumpre implementar uma governação voltada para a sua sustentabilidade a longo prazo, tornando-se esta mais resiliente (a nova tendência do momento).

II. Em jeito de epílogo: o nosso Direito Societário atual permite que se rompam com as métricas da primazia acionista? Permite-se a um administrador uma governação que, na busca pelo lucro, interrogue os impactos que ocorrerão em determinados sujeitos e em determinadas realidades? No plano dogmático a resposta é afirmativa. Não só se permite a um administrador que atenda a interesses de longo prazo dos sócios e que pondere interesses de sujeitos relevantes para a sustentabilidade a longo prazo da sociedade, como se obriga e insta o administrador a essa fazer essa consideração e ponderação (art. 64.º/1, al. b) do CSC). Os dilemas surgem, no imediato, porque não são fornecidas orientações aos administradores sobre como atuar, que interesses ponderar e o momento em que há de ser feita essa ponderação. Impera a imprecisão de conceitos, que serão vagos e indeterminados, dando ampla margem de discricionariedade aos gestores que, na falta de critérios legais, tendem a favorecer, somente, os sócios, que os designam, que os podem, em último caso, destituir, que lhes fornecem orientações e que sobre eles exercem pressões... O órgão de administração não tem estratégias de governação para a sustentabilidade, não sabe implementá-las, não tem orientações para a implementação dessas estratégias – não sendo capaz de identificar e assimilar os riscos inerentes à (in)sustentabilidade da sociedade. A verdade é que nem teria que as ter – a lei não obriga a tal. As estratégias de sustentabilidade empresarial são, tirando casos pontuais, deixadas à mercê da boa vontade da administração.

Por tal, as estruturas de governação societária estão amplamente envolvidas na ideia de que o único interesse a prosseguir é o da maximização do valor acionista. Isto é assim em todos os tipos societários – não se pense que o nosso Estudo visa somente a grande sociedade anónima; não é só ela que gera impactos negativos social e ambientalmente. Aliás, numa economia de PME, de sociedades por quotas, como a portuguesa, a trapaça existe em igual ou maior medida, até porque a fiscalização e o olhar sobre estas propenderá a ser menor – os gerentes (que poderão, ou não, ser, igualmente, sócios[355]) tenderão a administrar a sociedade tão só no interesse dos sócios ou no seu próprio interesse.[356]

[355] Nestes casos, a governação da sociedade pode ser, bem se vê, ainda mais danosa para os *stakeholders*.

[356] Coutinho de Abreu, et al., *Guia da Boas Práticas nas PME – Sociedades por Quotas*, IJFDUC, Coimbra, 2021, pp. 47 e 48.

O que urge? Dotar a administração de efetivas orientações. Não são precisos mais textos recomendatórios; não é preciso, em grande escala, impor mais deveres (gerais) aos administradores – sem prejuízo da exigência de implementação de certos deveres procedimentais. É preciso concretizar e efetivar os deveres que já existem, há vazios legais que têm de ser preenchidos e zonas cinzentas que têm de ser iluminadas. Para lá disto, é necessário incutir na administração, nas assembleias gerais e nos próprios *stakeholders* os ideais da sustentabilidade. Mais: é imprescindível que esses ideais se materializem em mecanismos concretos de sustentabilidade empresarial – participação de trabalhadores no órgão de gestão, designação de trabalhadores para funções no órgão de gestão, emissão e incentivo à emissão de *green bonds* e de estratégias de financiamento sustentável, etc. A implementação destes mecanismos produz efeitos na tão desejada mudança de comportamentos em prol da sustentabilidade extra societária.

Se os sócios devem ser chamados à discussão? Com certeza que sim. Contudo, dotá-los de maiores poderes ao nível da governação é, neste momento, como afirmámos, dar um salto maior que a perna; a verdade é que a prática tem demonstrado que uma intervenção dos sócios, seja de que maneira for, não tem os resultados esperados. Se a sociedade deve promover ações de responsabilidade social? Com certeza que elas serão positivas, mas não há obrigação legal de o fazer. Há que caminhar com calma e dentro da realidade – se as exigências forem muitas, não se exige nada; não pode haver uma contínua promoção da retórica e da ambiguidade.

III. A retórica e a ambiguidade promovem-se, outrossim, legalmente. Enquanto não forem consagrados na lei mecanismos sancionatórios e reativos contra os dirigentes empresariais e as sociedades que empreguem políticas obscuras, contra certos *stakeholders* e certas realidades, quaisquer menções legais à sustentabilidade serão desprovidas da eficácia desejada. Há que garantir a legitimidade processual ativa dos afetados pelas condutas da sociedade. Há que garantir que os mecanismos reativos são exercitáveis na prática – de nada vale a previsão de responsabilidade da sociedade ou dos seus dirigentes, se é o lesado que tem de fazer prova de todos os pressupostos necessários à garantia do seu direito à indemnização.

Aliás, temos sérias dúvidas quanto à possibilidade de a responsabilidade dever operar diretamente contra a sociedade comercial e não contra um qualquer administrador ou gerente – é extremamente difícil aplicar certos critérios, necessários à responsabilidade civil em geral, quando esta se reporta diretamente à empresa, à sociedade, à instituição. Mais adequada será, pensamos, a via da responsabilização da pessoa que tomou uma determinada decisão de gestão danosa – o administrador ou o gerente.

IV. Este é o repto que deixamos; as dificuldades são enormes, mas esta modificação tem que começar a ser introduzida. Se a Proposta de Diretiva relativa ao dever de diligência das empresas e à responsabilidade empresarial avançar nestes moldes – tudo aponta para isso – mudanças legais terão de, entre a União Europeia, ser introduzidas. O que se espera é que as imperfeições que apontámos sejam corrigidas, na medida do possível.

O caminho para uma reforma no Direito Societário, que cumpra as preces da sustentabilidade empresarial, tem de ser trilhado. Um caminho efetivo, sem ilusões, com eficácia. A doutrina é há muito agitada; a jurisprudência tem de ser testada; a lei tem de ser renovada.

BIBLIOGRAFIA

ABREU, Jorge M. Coutinho de, *Da Empresarialidade – As Empresas no Direito*, Almedina, Coimbra, 1996.

—, *Interés social y deber de lealtad de los socios*, Revista de Derecho de Sociedades, N.º 19, 2002.

—, *Sociedade Anónima, a Sedutora (Hospitais, S.A., Portugal, S.A.)* in IDET, Miscelâneas, N.º 1, Almedina, Coimbra, 2003.

—, *Privatização de empresas públicas e empresarialização pública*, in IDET, Miscelâneas n.º 3, Almedina, Coimbra, 2004.

—, *Deveres de Cuidado e de Lealdade dos Administradores e Interesse Social* in AAVV, *Reformas do Código das Sociedades*, Colóquios do IDET, N.º 3, Almedina, Coimbra, 2007.

—, *Governação das Sociedades Comerciais*, 2.ª ed., Almedina, Coimbra, 2010.

—, *Responsabilidade Civil dos Administradores de Sociedades*, 2.ª ed., Cadernos do IDET, N.º 5, Almedina, Coimbra, 2010.

—, *Corrupção privada, bom governo, transparência e responsabilidade social das empresas (nótulas interrogativas)* in *Coleção Estudos* (4), Instituto do Conhecimento AB – Estudos Comemorativos dos 20 anos da Abreu Advogados, Almedina, Coimbra, 2015.

—, *Remunerações dos administradores e transações com partes relacionadas na Diretiva dos Direitos dos Acionistas II*, DSR, Ano 10, Vol. 19, 2017.

—, *Curso de Direito Comercial*, 6.ª ed., 2.º v.: Das Sociedades, Almedina, Coimbra, 2020.

—, *Estado de direito e empresa (sociedade) de direito*, DSR, Ano 13, Vol. 26, 2021.

—, *Dever de diligência das empresas e responsabilidade civil*, DSR, Ano 13, Vol. 27, 2022.

ABREU, Jorge M. Coutinho de; RAMOS, Maria Elisabete, *Artigo 72.º – Responsabilidade de membros da administração para com a Sociedade,* in AAVV, *Código das Sociedades Comerciais em Comentário*, Vol. 1, 2.ª ed., Almedina, Coimbra, 2017.

—, *Artigo 79.º – Responsabilidade para com sócios e terceiros,* in AAVV, *Código das Sociedades Comerciais em Comentário*, Vol. 1, 2.ª ed., Almedina, Coimbra, 2017.

ABREU, Jorge M. Coutinho de, et al., *Guia da Boas Práticas nas PME – Sociedades por Quotas*, IJFDUC, Coimbra, 2021. Disponível em: https://eg.uc.pt/bitstream/10316/95763/1/guia_miolo%20%28digital%29.pdf

ALLEGAERT, Pierre J., *Codetermination and ESG: Viable Alternatives to Shareholder Primacy?,* New York University Journal of International Law and Politics, Vol. 52, N.º 2.

Disponível em: https://heinonline.org/HOL/Page?handle=hein.journals/nyuilp52 &id=645

ALMEIDA, António Pereira de, *Sociedades Comerciais*, 4.ª ed. (Completamente reformulada de acordo com o Dec. Lei N.º 76-A/2006), Coimbra Editora, Coimbra, 2006.

—, *Os Administradores Independentes* in AAVV, *Jornadas em Homenagem ao Professor Doutor. Raúl Ventura. A Reforma do Código das Sociedades Comerciais,* Almedina, Coimbra, 2007.

ANGELICI, Carlo, *Società Benefit*, Orizzonti del Diritto Commerciale, Anno V, n.º 2, 2017.

ANTUNES, José Engrácia, *Direito das Sociedades – Parte Geral*, Almedina, Coimbra, 2010.

ASCENSO, João Miguel, *As sociedades não lucrativas. Breve análise do direito dos sócios aos lucros.* RDS, Ano III, N.º 3, 2011.

BARREIROS, Filipe, *Responsabilidade Civil dos Administradores: os Deveres Gerais e a Corporate Governance,* Wolters Kluwer Portugal, Coimbra Editora, Coimbra, 2010.

BARKER, Sarah, *Director's Personal Liability for Corporate Inaction on Climate Change,* Governance Directions, Vol. 67, 2015. Disponível em: https://search.informit.org/doi/epdf/10.3316/informit.943602113626710

BARTOLACELLI, Alessio, *Modelos de sociedades "especiais" com fim adicional de "benefício comum": benefit corporations dos EUA, società benefit italianas e sociétés à mission francesas (com uma nota anglo-alemã)* in AAVV, *VI Congresso Direito das Sociedade em Revista*, Almedina, Coimbra, 2022.

BEVERIDGE JR., Norwood P., *The Corporate Director's Fiduciary Duty of Loyalty: Understanding the Self-Interested Director Transaction,* DePaul L. Rev. 655, 1992, 41. Disponível em: https://core.ac.uk/reader/232967410

BOTTOMLEY, Stephen *The Responsible Shareholder,* Edward Elgar Publishing, Inc., Massachusetts, 2021. Disponível em: https://doi.org/10.4337/9781800373402

CÂMARA, Paulo, *Códigos de Governo das Sociedades* in AAVV, *Cadernos de Valores Mobiliários,* n.º 15, 2002. Disponível em: https://www.cmvm.pt/pt/EstatisticasEstudosEPublicacoes/CadernosDoMercadoDeValoresMobiliarios/Documents/0ee30e208bdd4e37bb17572e33e14802PCamara.pdf

—, *O governo das sociedades e os deveres fiduciários dos administradores* in AAVV, *Jornadas – Sociedades Abertas, Valores Mobiliários e Intermediação Financeira,* Almedina, Coimbra, 2007.

CAMPBELL, Katherine; HELLOLOID, Duane, *Starbucks: Social responsibility and tax avoidance,* Journal of Accounting Education, Vol. 37, 2016. Disponível em: https://doi.org/10.1016/j.jaccedu.2016.09.001

CARVALHO, Rui Cardinal, *Corporate Purpose: revolução ou utopia no direito societário?,* DSR, Ano 13, Vol. 27, 2022.

CASCÓN, Fernando Carbajo, *Deber de lealtad de los socios y conflictos de intereses con la sociedad* in AAVV, *Diálogos com Coutinho de Abreu: Estudos Oferecidos no Aniversário do Professor,* Almedina, Coimbra, 2020

CLARK, Blainad; ANKER-SØRENSEN, Linn, *The EU as a Potential Norm Creator,* in SJÅFJELL, Beate; BRUNER, Christopher M. (EDS.), *The Cambridge Handbook of Corporate Law, Corporate Governance and Sustainability,* Cambridge University Press, Cambridge, 2020.

CLARK, R.C., *Corporate Law,* Little, Brown and Co., Boston, Toronto, 1986.

CLARK JR, William H., VRANKA, Larry, et. al., *The Need and Rationale for The Benefit Corporation: Why is it the legal form that best addresses the needs of social entrepreneur's investors, and, ultimately, the public,* 2013. Disponível em: https://studylib.net/doc/8145528/the-need-and-rationale-for-the-benefit-corporation

CMVM, *Princípios da OCDE sobre o Governo das Sociedades,* in AAVV, *Cadernos do Mercado de Valores Mobiliários,* n.º 5, 1999. Disponível em: https://www.cmvm.pt/pt/EstatisticasEstudosEPublicacoes/CadernosDoMercadoDeValoresMobiliarios/Documents/Cadernos%20MVM-5.pdf

COMISSÃO EUROPEIA, *Livro Verde - Promover um quadro europeu para a responsabilidade social das empresas*, Bruxelas, 2001. Disponível em: https://www.europarl.europa.eu/meetdocs/committees/empl/20020416/doc05a_pt.pdf

—, *Comunicação da Comissão – Orientações sobre a comunicação de informações não financeiras (metodologia a seguir para a comunicação de informações não financeiras)*, 2017. Disponível em: https://eur-lex.europa.eu/legal-content/PT/TXT/PDF/?uri=CELEX:52017XC0705(01)&from=PT

—, *Comunicação da Comissão ao Parlamento Europeu, ao Conselho Europeu, ao Conselho, ao Banco Central Europeu, ao Comité Económico e Social Europeu e ao Comité das Regiões. Plano de Ação: Financiar um crescimento sustentável*, Bruxelas, 2018. Disponível em: https://eur-lex.europa.eu/legal-content/PT/TXT/PDF/?uri=CELEX:52018DC0097&from=PT

—, *Comunicação da Comissão ao Parlamento Europeu, ao Conselho, ao Comité Económico e Social Europeu e ao Comité das Regiões. Estratégia de financiamento da transição para uma economia sustentável*, Estrasburgo, 2021. Disponível em:*https://eur-lex.europa.eu/resource.html?uri=cellar:9f5e7e95-df06-11eb-895a 01aa75ed71a1.0020.02/DOC_2&format=PDF*

CONAC, Pierre-Henri, *Le nouvel article 1833 du Code civil français et l'intégration de l'intérêt social et de la responsabilité sociale d'entreprise: constat ou révolution?*, Rivista Orizzonti del Diritto Commerciale, 3, 2019. Disponível em: http://images.rivistaodc.eu/f/articoli/128_articolo_vdeiz_ORIZZONTI.pdf

CORDEIRO, António Menezes, *Os deveres fundamentais dos administradores das sociedades*, in AAVV, *A reforma do Código das Sociedades Comerciais. Jornadas em Homenagem ao Professor Doutor Raúl Ventura*, Almedina, Coimbra, 2007.

—, *Direito das Sociedades*, Vol. I, Parte Geral, 4.ª ed. Revista e Atualizada, Almedina, Coimbra, 2020.

CORREIA, António Ferrer, *Lições de Direito Comercial*, Vol. II: *Sociedades comerciais: doutrina geral*, Ed. do A., Coimbra, 1968

—, *A Sociedade Por Quotas de Responsabilidade Limitada Segundo o Código das Sociedades Comerciais*, ROA, Ano 1987, Ano 47, Vol. III, 1987. Disponível em: https://portal.oa.pt/upl/%7Befd569fa-29e6-4c22-b1f0-4de267c34482%7D.pdf

COSTA, Ricardo, *O Sócio Gestor. A Administração da Sociedade PME e o Sócio Gestor. Sócios como Administradores de Facto das "suas" Sociedades*, Almedina, Coimbra, 2018.

—, *Artigo 64.º – Deveres Fundamentais*, in AAVV, *Código das Sociedades Comerciais em Comentário*, Vol. 1, 2.ª ed., Almedina, Coimbra, 2017.

—, *Responsabilidade social na (ir)racionalidade das decisões dos administradores de sociedades*, Revista de Direito Comercial, 2021. Disponível em: https://www.revistadedireitocomercial.com/responsabilidade-social-na-irracionalidade-das-decisoes-dos-administradores-de-sociedades

CUNHA, Paulo Olavo, *Direito das Sociedades Comerciais*, 7.ª ed., Almedina, Coimbra, 2019.

DIAS, Gabriela Figueiredo, *Sustentabilidade, Grupos de Interesse e Propósito Empresarial: um novo paradigma para a empresa e o mercado de capitais*, in CMVM [coord.], *Cadernos do Mercado de Valores Mobiliários sobre os 20 anos do Código dos Valores Mobiliários*, Almedina, Coimbra, 2021.

DIAS, Rui Pereira, *Sustentabilidade e os interesses dos não sócios na gestão das sociedades*, in AAVV, *VI Congresso Direito das Sociedades em Revista*, Almedina, Coimbra, 2022.

DIAS, Rui Pereira; SÁ, Mafalda de, *Deveres dos Administradores e Sustentabilidade*, in AAVV, *Administração e Governação das Sociedades*, Almedina, Coimbra, 2020.

DUARTE, Rui Pinto, *Escritos sobre Direito das Sociedades*, Coimbra Editora, Coimbra, 2008.

—, *Os Deveres dos Administradores das Sociedades Comerciais*, in *Católica Law Review*, Vol. II., N.º 2, 2018.

EISENBERG, Melvin Aron, *An Overview of the Principles of Corporate Governance*. The Business Lawyer, Vol. 48, 1993. Disponível em: https://lawcat.berkeley.edu/record/1114690

EUROPEAN COALITION FOR CORPORATE JUSTICE, *European Commission's proposal for a directive on Corporate Sustainability Due Diligence - A comprehensive analysis*, Bruxelas, 2022. Disponível em: https://corporatejustice.org/wp-content/uploads/2022/04/ECCJ-analysis-CSDDD-proposal-2022.pdf

EUROPEAN COMMISSION DG JUSTICE AND CONSUMERS; EY, *Study on Director's Duties and Sustainable Corporate Governance*, Publications Office of the European Union, Luxembourg, 2020. Disponível em: https://op.europa.eu/pt/publication-detail/-/publication/e47928a2-d20b-11ea-adf7-01aa75ed71a1

FERREIRA, Abel Sequeira, *A Cultura Empresarial no Governo das Sociedades: Breve Introdução*, in AAVV, *Administração e Governação das Sociedades*, Almedina, Coimbra, 2020.

FISCH, Jill E.; SOLOMON, Steven Davidoff, *The "value" of a public benefit corporation* in *Research Handbook on Corporate Purpose and Personhood*, Edward Elgar Publishing, Inc., Massachusetts, 2021. Disponível em: https://doi.org/10.4337/9781789902914.00011

FONSECA, Hugo Duarte, *Artigo 2.º – Direito subsidiário*, in AAVV, *Código das Sociedades Comerciais em Comentário*, Vol. 1, 2.ª ed., Almedina, Coimbra, 2017.

FURTADO, Jorge Pinto, *Curso de Direito das Sociedades*, Almedina, Coimbra, 2004.

GOMES, Fátima, *Reflexões em torno dos deveres fundamentais dos membros dos órgãos de gestão (e fiscalização) das sociedades comerciais à luz da nova redação do art. 64.º do CSC*, in AAVV, *Nos 20 Anos do Código das Sociedades Comerciais, Homenagem aos Profs. Doutores Ferrer Correia, Orlando de Carvalho, e Vasco Lobo Xavier*, Vol. II, Coimbra Editora, Coimbra, 2007.

—*O Direito aos Lucros e o Dever de Participar nas Perdas nas Sociedades Anónimas*, Almedina, Coimbra, 2011.

GOMES, José Ferreira, *Da Administração à Fiscalização das Sociedades – A Obrigação de Vigilância dos Órgãos da Sociedade Anónima*, Almedina, Coimbra, 2015.

—, *Responsabilidade Civil dos Administradores: Ilicitude e Culpa*, in AAVV, *Administração e Governação das Sociedades*, Almedina, Coimbra, 2020.

HAZEN, Thomas Lee, *Corporate and securities law impact on social responsibility and corporate purpose*, Boston College Law Review, Vol. 62, 2021. Disponível em: https://ssrn.com/abstract=3542833

JENSEN, Michael C., *Value Maximization, Stakeholder Theory and the Corporate Objective Function*, Tuck Business School Working Paper N.º 01-09, 2001. Disponível em: https://dx.doi.org/10.2139/ssrn.220671

JOHNSON, Lyman, *Corporate law and the history of corporate social responsibility* in *Research Handbook on Corporate and Company Law, Edward Elgar Publishing Limited, Massachusetts,* 2018. Disponível em: https://www.elgaronline.com/view/edcoll/9781784717650/9781784717650.00031.xml

JULIEN, Jérôme, *Observations sur l'évolution jurisprudentielle du sort des associes dans la société civile*, RTD Com, fasc. 4, 2001.

KEAY, Andrew, *Tackling the Issue of the Corporate Objective: An Analysis of the United Kingdom's "Enlightened Shareholder Value Approach"*, Sydney Law

Review, Vol. 29, N.º 4, 2007. Disponível em: https://www.researchgate.net/publication/265108593

—, *Shareholder Primacy in Corporate Law: Can it Survive? Should it Survive?* ECFL, Vol. 17, N.º 3, 2010. Disponível em: https://ssrn.com/abstract=1498065

—, *Moving Towards Stakeholderism? Constituency Statutes, Enlightened Shareholder Value, And All That: Much Ado About Little?*, 2010. Disponível em: https://ssrn.com/abstract=1530990

—, *The Duty to Promote the Success of the Company: Is it fit for purpose?*, University of Leeds School of Law, Centre for Business Law and Practice Working Paper, 2020. Disponível em: https://ssrn.com/abstract=1662411

LEAL, Eduardo Sáragga, *O poder de gestão dos acionistas nas sociedades anónimas*, DSR, Ano 5, vol. 9, 2013.

LEITÃO, Luís M. Teles de Menezes, *Direito das Obrigações*, Vol. III, 13.ª ed., Almedina, Coimbra, 2020.

LE PLAY AVOCATS, *Tout Savoir Sur la Raison D'Être*, 2020. Disponível em: https://leplaylaw.com/wp-content/uploads/2020/04/Tout-Savoir-sur-la-Raison--dÊtre-Avril-2020-Le-Play-avocats-1.pdf

LIPTON, Ann M., *ESG investing, or, if you can't beat'em, join'em*, in POLIMAN, Elizabeth; THOMPSON, Robert B. (EDS.), *Research Handbook on Corporate Purpose and Personhood*, Edward Elgar Publishing, Inc., Massachusetts, 2021. Disponível em: https://doi.org/10.4337/9781789902914.00011

MACCHI, Chiara; ZEBEN, Josephine Van, *Business and human rights implications of climate change litigation: Milieudefensie et al. v Royal Dutch Shell, Reciel – Review of European, Comparative & International Environmental Law*, 30, 2021. Disponível em: https://www.researchgate.net/publication/355181307_Business_and_human_rights_implications_of_climate_change_litigation_Milieudefensie_et_al_v_Royal_Dutch_Shell

MAGALHÃES, Pedro J., *Governo Societário e a Sustentabilidade da Empresa. Stakeholders Model Vs. Shareholders Model*, Almedina, Coimbra, 2019.

MAGALHÃES, Vânia Patrícia Filipe, *A conduta dos administradores das sociedades anónimas: deveres gerais e interesse social*, RDS, Ano I, N.º 2, 2009

MAGNIER, Véronique, *Old-Fashioned yet Innovative – Corporate Law, Corporate Governance and Sustainability in France*, in SJÅFJELL, Beate; BRUNER, Christopher M. (EDS.), *The Cambridge Handbook of Corporate Law, Corporate Governance and Sustainability*, Cambridge University Press, Cambridge, 2020.

MAIA, Pedro, *Voto e Corporate Governance - Um novo paradigma para a sociedade anónima*, Almedina, Coimbra, 2020.

MARTÍN, G. Guerra, *El Gobierno de las Sociedades Cotizadas Estadounidenses – Su Influencia en el Movimiento de Reforma del Derecho Europeo*, Editorial Aranzadi, Navarra, 2003.

MARTINS, Alexandre de Soveral, *Administração de Sociedades Anónimas e Responsabilidade dos Administradores*, Almedina, Coimbra, 2020.

—, *Sustentabilidade das Empresas, "Gafanhotos" e "Alcateias de Lobos"*, in AAVV, *Diálogos com Coutinho de Abreu: Estudos Oferecidos no Aniversário do Professor*, Almedina, Coimbra, 2020.

MARTINS, Maria Inês, *Proposta de Diretiva relativa ao dever de diligência das empresas e à responsabilidade empresarial – Os pressupostos da responsabilidade civil*, DSR, Ano 13, Vol. 27, 2022.

MAYER, Colin, *Prosperity – Better Business Makes the Greater Good*, Oxford University Press, Oxford, 2018.

—, *The Governance of Corporate Purpose*, European Corporate Governance Institute - Law Working Paper N.º 609, 2021. Disponível em: https://ssrn.com/abstract=3928613

MORROW, Karen; CULLEN, Holly, *Defragmenting Transnational Business Responsibility – Principles and Process*, in SJÅFJELL, Beate; BRUNER, Christopher M. (EDS.), *The Cambridge Handbook of Corporate Law, Corporate Governance and Sustainability*, Cambridge University Press, Cambridge, 2020.

OCDE; GIOVANNINI, Enrico, *Understanding Economic Statistics – An OECD Perspective*, OECD, 2008. Disponível em: https://www.oecd.org/sdd/41746710.pdf

O'HARE, Jennifer, *Don't Forget the "G" in ESG: The SEC and Corporate Governance Disclosure*, Arizona Law Review, Vol. 64, n.º 2, 2022. Disponível em: https://arizonalawreview.org/pdf/64-2/64arizlrev417.pdf

OLIVEIRA, Ana Perestrelo de, *Manual de Corporate Finance*, Almedina, Coimbra, 2015.

—, *Manual de Grupos de Sociedades*, Almedina, Coimbra, 2016.

—, *Manual de Governo das Sociedades*, Almedina, Coimbra, 2018.

PAZ-ARES, Cándido, *La sociedad en General: Caracterización del Contrato*, in AAVV, *Curso de Derecho Mercantil* I, Civitas Ediciones, Madrid, 1999.

PINHO, Carlos, et. al., *Risco Financeiro – Medida e Gestão*, 2.ª ed., Edições Sílabo, Lisboa, 2019.

RAMOS, Maria Elisabete, *Corporate purpose, sustentabilidade e gestão societária*, in AAVV, *VI Congresso Direito das Sociedades em Revista*, Almedina, Coimbra, 2022.

REDINHA, Maria Regina; GUIMARÃES, Maria Raquel, *Clima estável: a urgência de um direito, a propósito do caso Milieudefensie et al. v. Royal Dutch Shell*, RED – Revista Eletrónica de Direito, Vol. 26, N.º 3, 2021. Disponível em: https://cije.up.pt//client/files/0000000001/1-editoral_1789.pdf

RIBEIRO, Maria de Fátima, *Sociedades Desportivas*, Universidade Católica Editora, Porto, 2017.

RITCHER JR, MARIO STELLA, *Long-Termism*, *RS*, 2021. Disponível Em: Https://Www.Academia.Edu/45120375/Long_Termism

RIPERT, George; ROBLOT, René, *Traité Elémentaire de Droit Commerciale*, Tomo I, 17éme ed., LGDJ, Paris, 1998.

ROE, Mark J. *Dodge v. Ford: What Happened and Why?*, European Corporate Governance Institute, Law Working Paper N.º 619, 2021. Disponível em: https://ecgi.global/sites/default/files/working_papers/documents/roefinal_1.pdf

SANCHES, Diogo M. Assunção de Freitas, *Sustentabilidade no Mercado de Capitais – Papel das Green Bonds*, in CMVM [coord.], *Cadernos do Mercado de Valores Mobiliários sobre os 20 anos do Código dos Valores Mobiliários*, Almedina, Coimbra, 2021.

SANTOS, Filipe Cassiano dos, *A posição do acionista face ao lucro de balanço. O direito do acionista ao dividendo no Código das Sociedades Comerciais*, Coimbra Editora, Coimbra, 1996.

—, *Estrutura Associativa e Participação Societária Capitalística. Contrato e Sociedade, Estrutura Societária e Participação do Sócio nas Sociedades Capitalísticas*, Coimbra Editora, Coimbra, 2006.

SCHILLER, Sophie, *L'évolution du rôle des sociétés depuis la loi PACTE*, Rivista Orizzonti del Diritto Commerciale, 3, 2019. Disponível em: http://www.rivistaodc.eu/Article/Archive/index_html?ida=129&idn=21&idi=-1&idu=-1

SERENS, Manuel Nogueira, *Corporate Social Responsibility: "Vinho velho em odres novos"*, DSR, Ano 5, Vol. 10, 2013.

SERRA, Catarina, *A Responsabilidade Social das Empresas – Sinais de um instituto jurídico iminente?*, in AAVV, *Estudos em Homenagem ao Prof. Doutor Manuel Henrique Mesquita*, STVDIA IVRIDICA 06, BFDUC, Coimbra Editora, Coimbra, 2009.

—, *O Novo Direito das Sociedades: Para uma Governação Socialmente Responsável*, Scientia Iuris, Vol. 14, Londrina, 2010.

—, *Entre corporate governance e corporate responsibility: deveres fiduciários e "interesse social iluminado"*, in AAVV, *I Congresso Direito das Sociedades em Revista*, Almedina, Coimbra, 2011.

—, *Empresas e Human Rights Due Diligence – Algumas observações a propósito de desenvolvimentos recentes*, DSR, Ano 13, Vol. 27, 2022.

SJÅFJELL, Beate, *Realising the Potential of the Board for Corporate Sustainability*, in SJÅFJELL, Beate; BRUNER, Christopher M. (EDS.), *The Cambridge Handbook of Corporate Law, Corporate Governance and Sustainability*, Cambridge University Press, Cambridge, 2020.

—, *Beyond Climate Risk: Integrating Sustainability into the Duties of the Corporate Board*, Deakin Law Review, Vol. 23, 2018. Disponível em: http://ssrn.com/abstract=3279316

SJÅFJELL, Beate; BRUNER, Christopher M., *Corporations and Sustainability*, in SJÅFJELL, Beate; BRUNER, Christopher M. (EDS.), *The Cambridge Handbook of Corporate Law, Corporate Governance and Sustainability*, Cambridge University Press, Cambridge, 2020.

TALLARITA, Roberto; BEBCHUK, Lucian A. *The illusory promise of stakeholder governance*, Harvard John M. Olin Centre For Law, Economics, And Business, Discussion Paper N.º 1052, 2020. Disponível em: https://papers.ssrn.com/sol3/papers.cfm?abstract_id=3544978

TURNER, Stephen J, *Business practices, human rights and the environment*, in AAVV, Elgar *Encyclopedia of Environmental Law*, Edward Elgar Publishing, Inc., Massachusetts, 2016. Disponível em: https://www.elgaronline.com/view/nlm-book/9781786436986/b-9781788111461-VII_28.xml

VASCONCELOS, Pedro Pais de, *Responsabilidade civil dos gestores das sociedades comerciais*, DSR, Ano 1, Vol. 1, 2009.

—, *Business judgment rule, deveres de cuidado e de lealdade, ilicitude e culpa e o artigo 64.º do Código das Sociedades Comerciais*, DSR, Ano 1, Vol. 2, 2009.

—, *A Participação Social nas Sociedades Comerciais*, 2,ª ed., Almedina, Coimbra, 2014.

VASUDEV, P.M. *Beyond Shareholder Value. A Framework for Stakeholder Governance. Corporations, Globalisation and the Law series*, Edward Elgar Publishing, Inc., Massachusetts, 2021. Disponível em: https://doi.org/10.4337/9781800375772

VENTURA, Raúl, *Sociedades por Quotas, Comentários ao CSC*, Vol. III, Almedina, Coimbra,1991.

—, *Sociedades Por Quotas. Comentários ao CSC*, Vol. I, 2.ª reimp., 2.ª ed., Almedina, Coimbra,1999.

XAVIER, Vasco Lobo, *Anulação de deliberação social e deliberações conexas*, Atlântida Editora, Coimbra, 1976.

Outros:

BUSINESS ROUNDTABLE, *Business Roundtable Redefines the Purpose of a Corporation to Promote 'An Economy That Serves All Americans'*, 19 de Agosto de 2019. Disponível em: https://www.businessroundtable.org/business-roundtable-redefines-the-purpose-of-a-corporation-to-promote-an-economy-that-serves-all-americans [Consultado em maio de 2022].

CMVM, *Sustentabilidade, Agenda regulatória europeia*. Disponível em: https://www.cmvm.pt/pt/SDI/sustentabilidade/Pages/regulacao_sustentabilidade.aspx [Consultado em junho de 2022].

MOORE, David, *For Business Roundtable Members, Corporate Responsibility Doesn't Always Include Paying Taxes*, Brick House, 6 de abril de 2021. Disponível em: https://thebrick.house/for-business-roundtable-corporate-social-responsibility-does-not-require-paying-taxes/ [Consultado em maio de 2022].

NUNES, Flávio, *Acionistas da Galp aprovam distribuição de 414,6 milhões em dividendos*, ECO, 29 de abril de 2022. Disponível em: https://eco.sapo.pt/2022/04/29/acionistas-da-galp-aprovam-distribuicao-de-4146-milhoes-em-dividendos/ [Consultado em junho de 2022].

ONU; GENERAL ASSEMBLY, *Resolution adopted by the General Assembly on 25 September 2015. Transforming our world: the 2030 Agenda for Sustainable Development.* Disponível em: *https://www.un.org/ga/search/view_doc.asp?symbol=A/RES/70/1&Lang=E* [Consultado em julho de 2022].

PARLAMENTO EUROPEU, *Resolução do Parlamento Europeu, de 10 de março de 2021, que contém recomendações à Comissão sobre o dever de diligência das empresas e a responsabilidade empresarial.* Disponível em: https://www.europarl.europa.eu/doceo/document/TA-9-2021-0073_PT.pdf [Consultado em julho de 2022].

RAMOS, Diana, *Grupo dos 42 apresentará propostas em fevereiro de 2022*, Jornal de Negócios, 23 de novembro de 2021. Disponível em: https://www.jornaldenegocios.pt/empresas/detalhe/grupo-dos-42-apresentara-propostas-em-fevereiro-de-2022 [Consultado em maio de 2022].

SILVA, Fábio Carvalho da, *SpaceX despede trabalhadores que criticam Musk*, Jornal de Negócios, 17 de junho de 2022. Disponível em: https://www.jornaldenegocios.pt/empresas/tecnologias/detalhe/spacex-despede-trabalhadores-que-criticam-musk [Consultado em junho de 2022]

VERÍSSIMO, André, *Saiba quais são as 42 empresas da Business Roundtable Portugal*, ECO, 23 de junho de 2021. Disponível em: https://eco.sapo.pt/2021/06/23/saiba-quais-sao-as-42-empresas-da-business-roundtable-portugal/ [Consultado em maio de 2022].

—, *"Não me parece que a semana de quatro dias deva ser a prioridade do país", diz Salvador de Mello*, ECO, 8 de junho de 2022. Disponível em: https://eco.sapo.pt/2022/06/08/nao-me-parece-que-a-semana-de-quatro-dias-deva-ser-a-prioridade-do-pais-diz-salvador-de-mello/ [Consultado em junho de 2022].

JURISPRUDÊNCIA

Acórdão do Tribunal da Relação de Lisboa de 14 de abril de 2011, Processo 916/03.2TBCSC.L1-2, cujo relator foi Farinha Alves. Disponível em: http://www.dgsi.pt/jtrl.nsf/33182fc732316039802565fa00497eec/ea56c7fe3b4307218025788f003c11f0?OpenDocument&Highlight=0,916%2F03.2TBCSC.L1-2

Supreme Court of Michigan, 7 de fevereiro de 1919, *Dodge v. Ford Motor Company (70 NW 668 - Mich. 1919)*. Disponível em: https://casetext.com/case/dodge-v-ford-motor-co

The Hague District Court, 6 de maio de 2021, *Milieudefensie et al. v. Royal Dutch Shell PLC*. Disponível em: https://uitspraken.rechtspraak.nl/inziendocument?id=ECLI:NL:RBDHA:2021:5339

ÍNDICE